Pusteblume

Das Sachbuch 3

Sachsen-Anhalt

Neubearbeitung

Erarbeitet von
Anett Gleß
u. a.

Schroedel
westermann

Inhalt

Inhalt

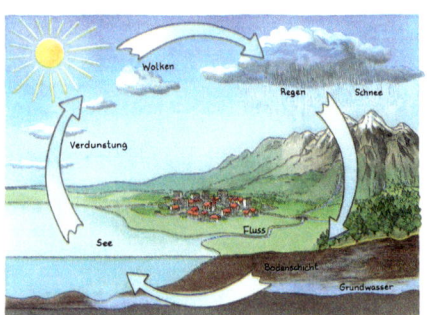

Historischer Bereich

Computer

Methoden-Werkstatt

So arbeitest du mit den Methoden-Seiten:

Lies die Texte. Die Bilder helfen dir, die Anleitungen zu verstehen.

M 1 Eine Ideensammlung anlegen

1 Eine Ideen- oder Gedankensammlung wird in der Fachsprache **Mindmap** genannt. Genau übersetzt bedeutet das „Gedankenkarte" oder „Gedankenlandkarte".

2 Auf einem Blatt Papier wird das **Hauptthema** in die Mitte geschrieben. Eventuell wird ein Bild dazugesetzt.

3 Sammle Ideen und Gedanken, die zum Hauptthema gehören. Notiere sie zunächst auf kleinen **Zetteln.**

4 Überlege, welche Ideen zusammenpassen. Ordne die Zettel und notiere dafür ein **Unterthema.**

5 Verbinde das Thema mit unterschiedlichen Farben mit den Unterthemen.

6 Klebe die Zettel auf oder notiere die Begriffe nachträglich. Verbinde diese in der passenden Farbe mit dem Unterthema.

7 Vergleiche deine Ideensammlung mit denen deiner Mitschüler. Wenn ihr zusammen eine Mindmap anlegt, nennt man das Klassen-Mindmap.

Schach · Computer-spiele · Fußball · Texte schreiben · Wofür ich den **Computer** nutzen kann. · Malen · Deutsch · Lernen · Sachunterricht · Spiele · E-Mail · Internet · Filme · Musik · sich informieren

▶ Arbeitsheft: Seite 4

5

M 2 Ein Lerntagebuch anlegen

1 Im Lerntagebuch notierst du,
was du wann erarbeitet
und gelernt hast.

2 Notiere deine Erfahrungen, Eindrücke
und Lernerlebnisse in einem Heft
oder auf vorbereiteten Blättern.

3 Notiere bei jedem Eintrag das Datum.

4 Du kannst deine Lernerlebnisse
in Stichworten notieren
oder ausführlich beschreiben.
Dazu kannst du Skizzen anfertigen.

5 Überlege dir Überschriften
für deine Beschreibungen.

M 3 Ein Lerntagebuch führen

1 Überlege dir, was dir bei einem Thema
gefallen hat und was nicht.

2 Überlege, ob du eine Aufgabe zum
Thema bearbeiten konntest oder
nicht.

3 Benutze für die Beschreibung
Stichworte oder schreibe
einen Text.

4 Benutze für die Beschreibung dein
Lerntagebuch oder ein DIN-A4-Blatt,
das du in einer Mappe abheften
kannst.

5 Beurteile deine Lernergebnisse
und die Arbeitsverfahren mit
– Bewertungszeichen (z. B. Smileys)
– kurzen Anmerkungen

Bewertungsvorschläge

 richtig
gut

 mittel-
gut

 noch
nicht
so gut

13
Datum: 11.05.
Vögel bestimmen
☺ ich kenne 10 neue
Vögel
☺ wir haben viel zu
kurz an dem
Thema gearbeitet

Vögel bestimmen   10. Mai

Das Thema „Vögel" interessiert mich sehr. Ich kenne
nun viele einheimische Singvögel. Ein kleines
Bestimmungsbuch habe ich immer bei mir. Schade,
dass darin nicht noch mehr Vögel vorgestellt werden.

M4 Einen Text im Schulbuch auswerten

1 In einem Schulbuch darfst du nichts unterstreichen!

2 Lies den Text aufmerksam durch. Notiere unbekannte Wörter. Informiere dich über ihre Bedeutung.

3 Lies den Text erneut durch. Notiere in deinem Heft oder auf einem Blatt Papier Begriffe, die dir wichtig erscheinen, zum Beispiel:

Name:

Aussehen:

4 Schreibe nun hinter die bereits notierten Begriffe weitere Informationen, die du für wichtig hältst und die du dort zuordnen kannst, zum Beispiel:

Name: *männliches Tier: Hirsch*

Name: *weibliches Tier: ...*

Rothirsche

Das männliche Tier wird Hirsch, das weibliche Tier Hirschkuh und das Jungtier Hirschkalb genannt. Nur die Hirsche tragen ein Geweih. Das Fell ist im Sommer rotbraun, im Winter dunkel graubraun gefärbt. Hirsche können bis zu 300 kg schwer und 20 Jahre alt werden. Zum Lebensraum der Hirsche gehören Wälder, Flussauen, aber auch waldlose Heide- und Moorgebiete. Zu ihrer Nahrung gehören Kräuter, Gräser, aber auch Rinde, Knospen und Zweige von Büschen und Bäumen.

M5 Pflanzen bestimmen

1 Zum Bestimmen von Pflanzen werden Bestimmungsbücher benutzt.

2 Zum Bestimmen von blühenden Pflanzen müssen die unterschiedlichen Merkmale der Blüten genau betrachtet werden.

3 Das wichtigste Merkmal der Blüte ist die Blütenfarbe.

4 Danach wird zum Bestimmen der Pflanze die Blütenform und die Anzahl der Blütenblätter betrachtet.

5 Weitere Merkmale zum Bestimmen der Pflanze sind
   - Blatt   - Wuchshöhe
   - Stängel   - Standort
   - Wurzel   - Blütezeit

6 Einige Pflanzen haben Besonderheiten, zum Beispiel:
   - Die Pflanze ist schwach giftig oder giftig.
   - Die Pflanze ist teilweise oder vollkommen geschützt.

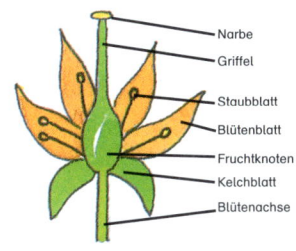

Tabelle der Blütenfarben

	weiß		rosa
	gelb		violett
	blau		grün
	rot		braun

Manche Blütenfarben lassen sich nicht eindeutig zuordnen. In dem Fall wird unter ähnlichen Farben nachgesehen.

✿	bis zu 4 Blütenblätter	
✿	genau 5 Blütenblätter	
✿	mehr als 5 Blütenblätter	
✿	zweiseitig symmetrische Blüten	

▶ Arbeitsheft: Seite 5

M 6 Einen Lernort erkunden

1 „Einen Lernort erkunden" heißt, einen Ort außerhalb der Schule zu besuchen, um dort zu lernen und zu arbeiten.

2 Natürliche Lernorte sind zum Beispiel ein Bach oder ein Wald.

3 Von Menschen geschaffene Lernorte sind zum Beispiel Museen, Zoos oder Büchereien. Sie zeigen Gegenstände, Tiere oder Pflanzen, um die Besucher zu informieren.

4 Über viele Lernorte kannst du dich im Internet informieren.

5 Bereite deine Erkundung gut vor. Du kannst am Lernort viel erfahren und lernen:
   – Welche Arbeitsmittel brauche ich? (Schreibblock, Fotoapparat, ...)
   – Welche Kleidung ist geeignet? (Regenjacke, Gummistiefel, ...)
   – Was möchte ich wissen? (Fragen formulieren und notieren.)

	Bücherei	Heimatmuseum
Öffnungszeiten	tägl. von 9–15 Uhr	tägl. von 10–18 Uhr
Eintrittspreise	Kinder kostenfrei Erw. 3 € monatlich	Kinder 3 € Erwachsene 6 €
Angebote	– Bücher, Zeitschriften – Hörbücher – Videos – CDs und DVDs – Interneteinführungen – Führungen für Klassen	– alte Werkzeuge und Ackergeräte – altes Klassenzimmer – Bauernstube – Führungen nach Vereinbarung
Meine Fragen	Kann ich auch Computerspiele ausleihen?	Gibt es besondere Angebote für Kinder?

M 7 Ein Themenheft gestalten

Ein Themenheft bietet Informationen zu einem bestimmten Thema. Wähle ein Thema aus, zum Beispiel Pferde, Vögel, Steine, Internet.

1 Überlege, wie und wo du die benötigten Informationen einholen kannst: Bücherei, Zeitungen, Zeitschriften, Internet, Naturschutzverbände, Vereine, Expertenbefragungen.

2 Sammle Materialien zum Thema in Form von Bildern, Skizzen, Zeitungsartikeln, ausgedruckten oder selbst geschriebenen Texten, Karten.

3 Ordne die Materialien in der Reihenfolge, wie sie im Themenheft abgelegt werden sollen.

4 Gestalte das Titelblatt mit Überschrift und Namen.

5 Lass die Innenseite frei. Hier notierst du zum Schluss das Inhaltsverzeichnis.

6 Gestalte die Seiten. Bilder und Texte sollen sich abwechseln. Denke an die Seitenränder. Schreibe die Texte gut lesbar oder nutze den Computer.

M 8 Ein Bild auswerten

1 Bilder und Texte informieren uns in Büchern, Zeitschriften oder im Internet. Oft bietet ein Bild mehr Informationen als ein langer Text. Die folgenden Arbeitsschritte helfen dir, Bilder genau zu betrachten.

2 Suche nach Informationen, wann und wo das Bild entstanden ist. Oft helfen Bildunterschriften.

3 Versuche das Bild in Vordergrund, Mittelgrund und Hintergrund einzuteilen. Beschreibe nun den Bildinhalt:

*Im **Vordergrund** sehe ich einen Fluss, auf dem ein Ausflugsschiff fährt. Auf dem Aussichtsdeck sind Fahrgäste. Im **Mittelgrund** stehen Liegestühle und Sonnenschirme am Ufer. Im **Hintergrund** steht ein hohes Gebäude mit sehr großen Fenstern.*

4 Vermute, wozu das Bild angefertigt wurde: Wirbt das Bild für etwas? Möchte das Bild etwas genau zeigen? Ist das Bild eine Erinnerung?

5 Notiere Fragen, die du zum Bild hast:
– *Was ist ein Kanzleramt?*
– *Wohin fließt die Spree?*
– *In welcher Jahreszeit wurde das Foto aufgenommen?*

Ausflugsschiff auf der Spree vor dem Kanzleramt

M 9 Eine Skizze anlegen

1 Zum Skizzieren benötigst du: Bleistift, Buntstifte, Radiergummi, Lineal, Papier/Transparentpapier und eine feste Unterlage (Tisch, Klemmbrett).

2 Wenn du von einem Bild eine Skizze anfertigst, kannst du mit Transparentpapier oder durchscheinendem Papier arbeiten.

3 Lege das Transparentpapier auf das Bild und zeichne zuerst die Umrisse des Bildes und die Grenzlinien mit Bleistift ein.

4 Zeichne dann die Umrisse der übrigen Bereiche mit Bleistift ein.

5 Male zum Schluss mit Buntstiften die Skizze aus. Beschrifte sie eventuell.

6 Landschaften, Gebäude, Pflanzen, Tiere oder Gegenstände kannst du auch frei skizzieren. Setze zuerst Hilfspunkte. Zeichne dann zunächst die groben Umrisse und danach die feinen Linien.

M 10 Sich auf einer Karte orientieren

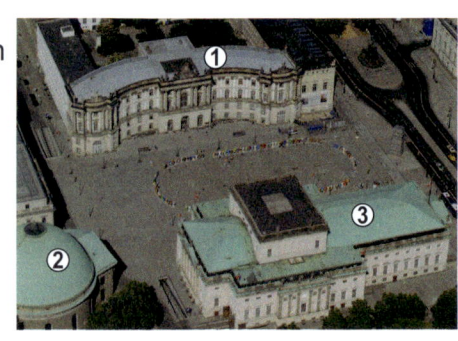

1 Das Foto wurde aus einem Flugzeug schräg nach unten fotografiert. Deswegen nennt man es Schrägluftbild.

2 Luftbilder, die aus Flugzeugen oder Satelliten senkrecht nach unten fotografiert werden, heißen Senkrechtluftbilder. Sie dienen als Vorlage für Karten.

3 Karten zeigen einen Teil der Erdoberfläche in stark verkleinerter und vereinfachter Darstellung.

4 Betrachte die Abbildungen und vergleiche sie.

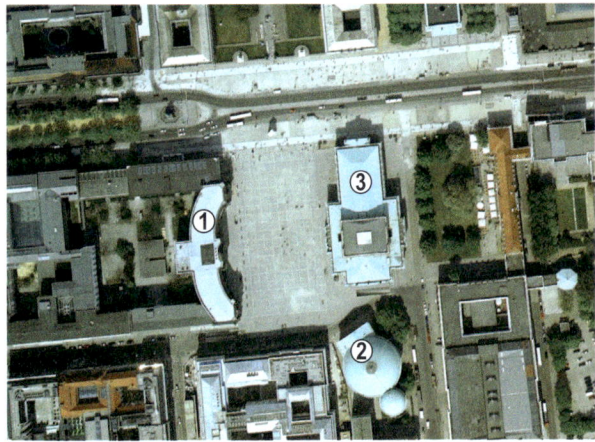

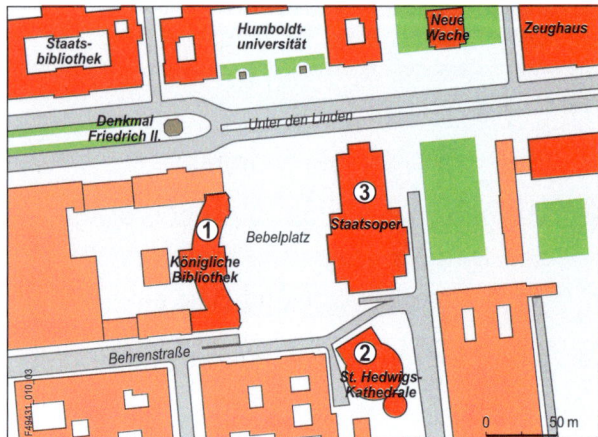

M 11 Einen Versuch planen und durchführen

Die Planung und Durchführung eines Versuches kann in fünf Abschnitte unterteilt werden.

1 **Frage →** Was will ich herausfinden?
Wie können Tauchboote in die Tiefe sinken und wieder aufsteigen?
Wie können Tauchboote schweben?

2 **Vermutung →** Wie könnte das Ergebnis ausfallen? Notiere deine Vermutung.
Teilweise sind die Tauchboote schwerer als Wasser, teilweise leichter.

3 **Durchführung →** Suche dir passende Materialien aus.
Beschreibe den Verlauf des Versuchs.
Fertige eine Skizze an.
– Welches Gefäß kann als Tauchboot verwendet werden?
– Wie muss das Gefäß befüllt sein, damit es wie ein Tauchboot mitten im Wassergefäß schwimmt oder schwebt?

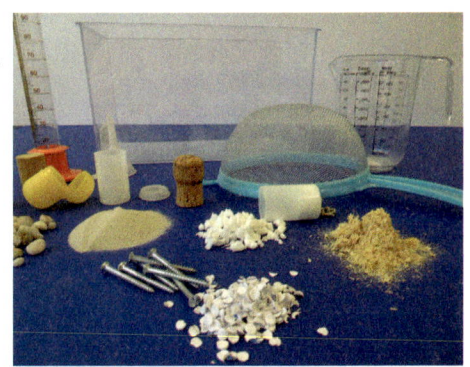

4 **Ergebnis →** Vergleiche Vermutung und Ergebnis.
– Ich habe das Gefäß mit ... befüllt, bis ... .
– Ich habe beobachtet, wie .... .

5 **Begründung →** – Das Gefäß schwebt in der Mitte, wenn es genauso schwer ist wie das Wasser.
Kontrolliere die Begründung. Lies in einem Lexikon oder im Internet nach:
Um tiefer zu sinken, müssen die Tauchboote schwerer werden. Dazu füllen die Tauchboote Wasser in besondere Tanks. Um aufzusteigen, blasen sie mit Druckluft die Tanks wieder leer. Wenn ein Tauchboot in einer bestimmten Tiefe schwebt, ist es gleich schwer wie das umgebende Wasser.

► Arbeitsheft: Seite 8, 9

M 12 Eine Zeitleiste anlegen

1 Eine Zeitleiste stellt Zeitabschnitte (Epochen) und Entwicklungen dar.

2 Große Zeitleisten werden auf Papierrollen (Tapeten, Packpapier) angelegt und als Plakat aufgehängt. Kleine Zeitleisten werden aus Papierstreifen hergestellt.

3 Die Einteilung der Zeitabschnitte erfolgt über eine Skala. Jeder Strich steht für einen bestimmten Zeitpunkt.

4 Für deine Zeitleiste benötigst du zwei Blätter kariertes DIN-A4-Papier.

5 Falte die Seiten in Längsrichtung. Schneide mit einer Schere beide Seiten entlang des Knicks in zwei Streifen. Klebe die vier Streifen an den schmalen Seiten so aneinander, dass du immer ganze Kästchen sehen kannst.

6 Zeichne nun mit einem Lineal den Zeitstrahl in die Mitte der Zeitleiste ein. Überlege, wie viele Jahre du auf der Zeitleiste darstellen willst. Berechne, wie viele Kästchen wie vielen Jahren entsprechen sollen.
(z. B. 1 Kästchen = 1 Jahr oder 1 Kästchen = 10 Jahre.)

M 13 Mit einer Zeitleiste arbeiten

1 Stelle fest, welcher Zeitraum auf der Zeitskala von Kästchen zu Kästchen oder von Strich zu Strich dargestellt ist.

2 Zeitleisten enthalten Bilder, Texte oder beides. Ordne die Ereignisse der Zeitskala zu.

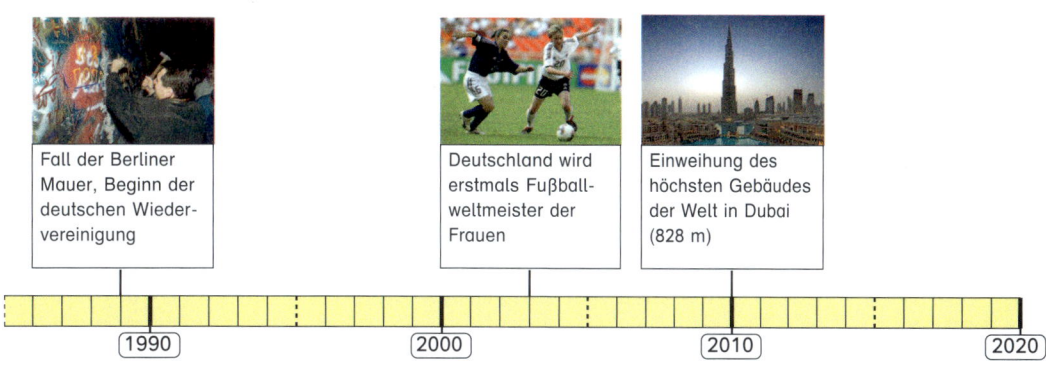

Fall der Berliner Mauer, Beginn der deutschen Wiedervereinigung

Deutschland wird erstmals Fußballweltmeister der Frauen

Einweihung des höchsten Gebäudes der Welt in Dubai (828 m)

1990   2000   2010   2020

3 Zum Gestalten eigener Zeitleisten lassen sich am besten über das Internet Informationen und Bilder zu Ereignissen einholen und ausdrucken.

4 Gestalte eine Zeitleiste zur Geschichte deiner Familie.
Du kannst Fotos, selbst gemalte Bilder und Texte aufgekleben.

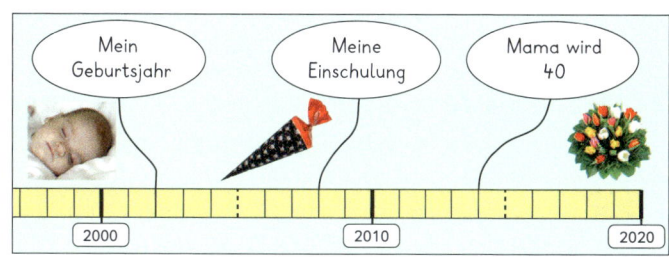

Mein Geburtsjahr

Meine Einschulung

Mama wird 40

2000   2010   2020

▶ Arbeitsheft: Seite 10

M 14 Ein Interview planen und durchführen

1 Ein Interview wird geführt, um Fachleute zu befragen oder Meinungen einzuholen.

2 Zuerst wird festgelegt, zu welchem Thema das Interview geführt wird.
Im Beispiel: Nutzung von Verkehrsmitteln, um zum Arbeitplatz zu gelangen

3 Dann wird überlegt, wer befragt werden soll.

Im Beispiel: Eltern, Lehrkräfte, Nachbarn

4 Nun werden Fragen gesammelt, ausgewählt, genau formuliert und notiert. Gut geeignet sind W-Fragen (Wer – Wo – Wie – Was – Wann – Warum – Woher). Die Fragen sollten kurze und genaue Antworten ermöglichen.

– „Welches Verkehrsmittel nutzen Sie hauptsächlich, um zur Arbeit zu kommen?" (Auto, Bus, Bahn, Schiff, Motorrad, Fahrrad, zu Fuß)
– „Wie viel Zeit benötigen Sie für den Weg zur Arbeit?" (bis 15, 30, 45, 60 Min. oder mehr)

5 Als nächstes wird geklärt, wie die Antworten auf die Fragen festgehalten werden.

Im Beispiel: Die Antworten werden notiert.

6 Die Interviewpartner werden angesprochen, um den Gesprächstermin und den Ort festzulegen.

Im Beispiel: telefonisch anfragen oder direkt ansprechen, z.B. Nachbarn

7 Das Interview wird mit einer freundlichen Begrüßung begonnen und mit einem herzlichen Dankeschön beendet.

Zum Beispiel: – „Guten Tag, ich freue mich, dass sie bereit sind, meine Fragen zu beantworten."
– „Herzlichen Dank, dass Sie sich die Zeit für mich genommen haben."

M 15 Ein Interview auswerten

1 Vor der eigentlichen Auswertung wird geklärt, ob alle Fragen zufriedenstellend beantwortet wurden. Offene Fragen werden geklärt.
Im Beispiel: Wenn mehrere Verkehrsmittel benutzt werden, wird nur das Hauptverkehrsmittel berücksichtigt.

2 Die Ergebnisse von allen Personen, die befragt wurden, werden gesammelt.

3 Die Ergebnisse der Fragen können in Strichlisten erfasst werden. Dafür wird eine Tabelle gezeichnet.

4 Die Gesamtzahl der befragten Personen wird festgestellt. Ein Strich steht für eine befragte Person.

5 Die Ergebnisse werden miteinander verglichen und ausgewertet:
Tabelle 1: Welches Verkehrsmittel wird am häufigsten benutzt, welches am wenigsten?
Tabelle 2: Wie lange sind die meisten unterwegs?

6 Die ausgewerteten Ergebnisse werden dargestellt und präsentiert, zum Beispiel auf einem Plakat.

7 Abschließend wird besprochen, was bei den Interviews gut verlief und was verbessert werden kann.

Tabelle 1

Verkehrsmittel	Anzahl
Auto (Pkw)	₩₩ ₩₩ ₩₩ ₩₩ II
Bahn	₩₩ ₩₩ ₩₩ IIII
Bus	₩₩ ₩₩ ₩₩ ₩₩
Schiff	IIII
Motorrad	₩₩ III
Fahrrad	₩₩ ₩₩ ₩₩ III
zu Fuß	₩₩ IIII
Gesamtzahl	**100**

Tabelle 2

Zeit	Anzahl
bis 15 Min.	₩₩ IIII
16–30 Min.	₩₩ ₩₩ ₩₩ ₩₩ ₩₩ III
31–45 Min.	₩₩ ₩₩ ₩₩ ₩₩ ₩₩ I
46–60 Min.	₩₩ ₩₩ ₩₩ IIII
mehr als 60 Min.	₩₩ ₩₩ ₩₩ III
Gesamtzahl	**100**

▶ Arbeitsheft: Seite 11

Sozial- und kulturwis-
senschaftlicher Bereich

Bevor eine Sendung oder ein Film gezeigt werden kann, sind viele Arbeiten zu erledigen. Informiere dich, wie ein Film gedreht wird.

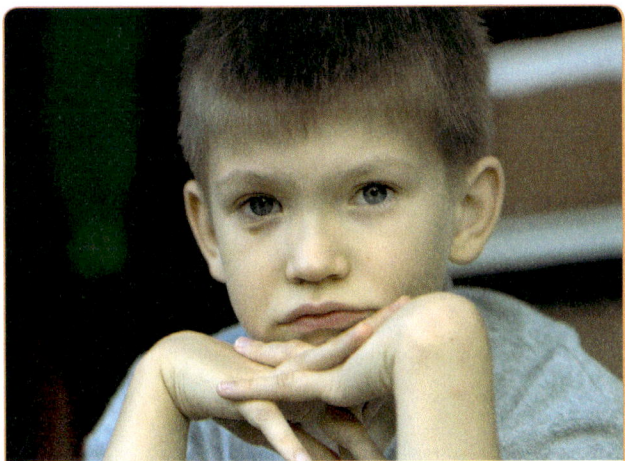

Woran kannst du erkennen, wie ein Mensch sich fühlt?

Der Einkaufswagen ist schnell gefüllt. Erläutere, wodurch der Käufer zum Einkauf verlockt werden kann.

- M 1 Eine Ideensammlung anlegen
- M 4 Einen Text im Schulbuch auswerten
- M 6 Einen Lernort erkunden
- M 8 Ein Bild auswerten
- M 14 Ein Interview planen und durchführen

Wie wir miteinander umgehen

Es ist diese Woche schon das zweite Mal, dass Anne zu spät kommt. Die Kinder in Annes Klasse kennen den Grund nicht. Sie reden über Anne sehr unfreundlich.

1 Vermutet, welche Gründe Anne für ihre Verspätung haben könnte.

2 Der folgende Text steht auf dem Kopf. Versuche ihn zu lesen, um mehr über Anne zu erfahren.

Anne kommt oft zu spät. Viele Kinder denken, dass sie trödelt und nicht gern zur Schule geht. Niemand weiß, welche Probleme Anne wirklich hat. Anne lebt allein mit ihrer Mutter. Annes Mutter arbeitet in der Fabrik. Zeitweise muss sie zur Frühschicht schon weggehen, wenn Anne noch schläft. An diesen Tagen muss Anne allein aufstehen und frühstücken. Sie denkt oft: Wenn ich doch nur eine Freundin hätte und den Schulweg mit ihr gehen könnte! Sie möchte nicht allein sein. Die anderen Kinder beachten sie nicht. Oft wird Anne ausgelacht. Anne ist unglücklich. Ihre Schritte werden auf dem Schulweg immer langsamer …

3 Wie könnte Anne geholfen werden?

4 Welches Verhalten vergrößert Annes Probleme?

5 Spielt die Geschichte wie auf den Bildern nach. Ihr könnt aber auch eine eigene Geschichte spielen.

6 Überlege, in welcher Situation du schon einmal: „Typisch …!" gesagt hast.

Spiel: Miteinander umgehen

Alle Kinder gehen frei im Raum umher. Die Anweisungen des Spielleiters müssen ausgeführt werden: Schüttelt möglichst vielen Kindern die Hände – schaut euch in die Augen – sucht einen Partner mit gleicher Haarfarbe und geht Hand in Hand – fragt ein Kind, was es gerne spielt und erzählt es einem anderen Kind.

1 Erprobt dieses Spiel in eurer Klasse.

2 Wie hast du das Spiel empfunden?

■ Pflichten und Rechte, Seite 16/17

In der großen Pause sind alle Kinder auf dem Schulhof. Da passiert Folgendes:

7 Vermutet, wie sich Daniel und die drei anderen Kinder in dieser Situation fühlen.

Die Lehrerin schlägt einen Klassenrat vor. Alle Kinder versammeln sich in einem Stuhlkreis.
Lisa, Julian und Katrin tragen ihr Anliegen vor. Auch Daniel kann seine Meinung sagen. Kein Kind darf beschimpft werden.

8 Wie kann die Lehrerin auf die Beschwerde der Kinder reagieren?

Die anderen Kinder hören genau zu, fragen nach und bilden sich so ihre eigene Meinung. Gemeinsam überlegen sie, wie das Problem gelöst werden kann. Schließlich treffen sie eine Vereinbarung, an die sich alle halten müssen.

9 Was könnte Daniel tun, wenn er mitspielen will?

10 Wie kann Daniel sich verhalten, wenn er nicht mitspielen darf? Diskutiert die möglichen Folgen.

11 Wie können die Kinder Daniel helfen? Spielt die Situation.

12 Erstellt eigene Verhaltensregeln.

Pflichten und Rechte

Die Kinder kommen am Morgen in die Schule. Sie finden auf dem Flur dieses Durcheinander vor. Manche Kinder sind sehr betroffen und ratlos. Andere meinen: „Die Putzfrauen hätten hier sauber machen müssen. Sie haben nicht gearbeitet. Das ist aber ihre Pflicht!" Eva sagt: „Es wäre unsere Pflicht gewesen, bei Schulschluss aufzuräumen. Wir haben uns falsch verhalten."

1 Denkt über die beiden Behauptungen nach. Äußert eure Meinung dazu.

2 Diskutiert darüber, wie sich die Kinder jetzt sinnvoll verhalten können. Stellt eure Ideen vor.

Damit die Kinder künftig an ihre Pflichten denken, haben sie kleine Plakate gestaltet und aufgehängt.

3 Welche Pflichten habt ihr in eurer Schule zu erfüllen?

4 Was geschieht bei euch, wenn ihr die Pflichten nicht erfüllt?

Die Schulkinder haben aber nicht nur über ihre Pflichten, sondern auch über ihre Rechte gesprochen.

5 Überlegt, welche Rechte Schulkinder haben. Notiert eure Gedanken. Gestaltet dazu ein Plakat.

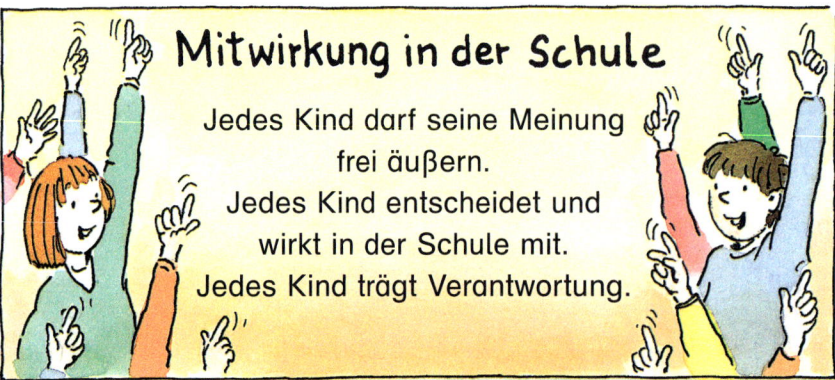

Dieses Plakat hat eine dritte Klasse gemeinsam mit ihrer Lehrerin erstellt.

6 Lest den Text und besprecht den Inhalt. Wie könnt ihr in eurer Schule mitwirken?

■ Wie wir miteinander umgehen, Seite 14/15   ○ Lernsoftware: Nr. 87

Auf dem Pausenhof gibt es manchmal Probleme. Lehrkräfte sind auf dem Schulhof und helfen den Kindern. Auch Kinder können auf dem Pausenhof Aufgaben und Verantwortung übernehmen. In vielen Schulen gibt es Pausenhelfer. Meist sind es ältere Kinder. Sie begleiten zum Beispiel Kinder zum Sekretariat oder holen Kühlpacks bei kleinen Verletzungen.

An vielen Schulen gibt es auch Streitschlichter. Das sind speziell ausgebildete Kinder. Streitschlichter helfen im Schulalltag. Wenn ein Streit zwischen Kindern entsteht, helfen die Streitschlichter, eine gute Lösung zu finden.

1 Informiere dich, welche Aufgaben von Kindern an deiner Schule übernommen werden.

In der Pause

Tim hat zum Geburtstag ein Smartphone bekommen. In der Schule zeigt er es stolz den Kindern aus seiner Klasse.

1 Betrachtet das Bild und lest die Texte in den Sprechblasen.

2 Vermutet, was Tim denkt, wenn er die Aussagen der anderen Kinder hört.

3 Überlegt, was ihr Tim sagen würdet. Begründet eure Antwort.

4 Erkundigt euch an eurer Schule, ob ihr das Recht habt, alles in die Schule mitzubringen, was ihr möchtet.

Gefühle und Wohlbefinden

Marie   Hedda   Johanna   Milan   Emma   Oke   Lukas

Felix   Mehmet   Ivana   Paul   Kim   Luisa   Rory

> **ängstlich – ärgerlich – bestürzt – erschreckt – fröhlich – gelassen – glücklich – heiter – krank – nachdenklich – traurig – unsicher – unwohl – wütend – zufrieden**

Täglich machen wir viele Erfahrungen. Manche sind angenehm, andere vielleicht auch unangenehm. Alle Erfahrungen wirken sich auf unsere Gefühle und unser Befinden aus. Am Gesichtsausdruck (Mimik) und an der Körperhaltung (Gestik) kann man oft erkennen, wie sich ein Mensch gerade fühlt.

1 Betrachte die Kinder. Achte auf das Gesicht und die Körperhaltung.

2 Die Begriffe benennen Gefühle. Lies die Wörter und überlege, wie du diese Gefühle empfindest.

3 Ordne die Begriffe den Kindern zu. Du kannst mehrere Gefühle einem Kind zuordnen. Begründe deine Meinung.

Gefühle darstellen

1 Wähle ein Gefühl. Überlege, welcher Gesichtsausdruck und welche Körperhaltung für dich zu diesem Gefühl gehören.

2 Stelle das Gefühl mit deinem ganzen Körper dar.

3 Beschreibe, was du dabei tust und was du dabei spürst. Zum Beispiel: Ich hüpfe und singe. Dabei fühle ich mich ganz leicht.

● M 8 Ein Bild auswerten, Seite 9   ■ Gefühle mitteilen, Seite 19

Gefühle mitteilen

Auf den folgenden Bildern kannst du sehen, wie sich Julians Gefühle ändern.

1 Betrachtet genau den Gesichtsausdruck und die Körperhaltung von Julian auf den einzelnen Bildern. Wie fühlt er sich?

2 Überlegt, welche Situation zum Verhalten von Julian auf Bild ① geführt haben könnte.

3 Wie könnte es zur Gefühlsänderung von Julian auf Bild ④ gekommen sein? Spielt eure Ideen vor.

4 Überlegt und berichtet, in welchen Situationen ihr selbst Gefühlsschwankungen und Unsicherheiten erlebt habt.

In jedem Augenblick unseres Lebens bringen wir unsere Gefühle zum Ausdruck. Manchmal teilen wir sie den anderen Menschen in Worten mit, manchmal aber auch nur durch unsere Körpersprache.

Wenn die anderen Menschen genau auf unseren Gesichtsausdruck (Mimik) und auf unsere Körperhaltung (Gestik) achten, können sie oft wahrnehmen, wie wir uns fühlen.

Übrigens

Manchmal sagen Menschen mit Worten etwas anderes, als sie wirklich fühlen. Aber: Gefühle kann man nicht einfach wegreden.

■ Gefühle und Wohlbefinden, Seite 18

Wir planen einen Ausflug

Die 3. Klasse möchte einen Ausflug machen. Von den Kindern werden viele interessante Ziele vorgeschlagen. Einige Vorschläge gefallen den Kindern sofort, andere finden sie nicht so gut. Die Kinder wissen, dass sich nicht alle Pläne durchführen lassen. Vier Vorschläge kommen in die engere Wahl. Diese vier Ausflugsziele werden an die Tafel geschrieben.

Die Lehrerin fordert die Kinder auf, Gründe für oder gegen die Ziele zu nennen. Einige Kinder haben schon Informationen und können ihre Entscheidungen begründen. Nachdem sie ihre Argumente genannt haben, müssen zwei Ausflugsziele gestrichen werden. Es ist nicht möglich, Ausflüge dorthin zu machen.

1 Welches Ausflugsziel würdest du wählen? Begründe deine Wahl.

2 Welches Ausflugsziel aus deiner Umgebung würdest du deiner Klasse vorschlagen? Begründe den Vorschlag.

Ich finde Minigolf zwar gut, aber wir sind nur kurz da und können gar nicht alles ausprobieren.

Lena

Zum Badesee sollten wir nicht gehen, weil nicht alle Kinder sicher schwimmen können.

Daniel

Es darf nicht zu teuer werden. Für die Schifffahrt müssen wir mit dem Bus anreisen. Das kostet viel.

Anna

Können wir jetzt wählen?

Ben

■ Einen Klassensprecher wählen, Seite 22

Die offene Abstimmung

Die Kinder wollen herausfinden, welches Ausflugsziel am beliebtesten ist. Dazu führen sie eine **offene Abstimmung** durch. Jeder darf sich einmal melden und so seine Stimme bei der Wahl abgeben. Wer sich nicht entscheiden kann, darf sich enthalten und muss sich gar nicht melden.
Maria und Jan sind als Wahlleiter bestimmt worden. Jan zeigt nacheinander auf die Ziele an der Tafel und fragt, wer dafür ist. Maria zählt, wie viele Kinder die Hand heben, und notiert die Anzahl. Enthaltungen gibt es nicht.

Jetzt geht's weiter.

Nach dieser Abstimmung stellt sich heraus, dass für zwei Ausflugsziele gleich viele Stimmen abgegeben wurden. Dieses Ergebnis hilft nicht weiter. Zur Entscheidung muss eine Stichwahl durchgeführt werden.
Die Kinder können bei der **Stichwahl** nur noch zwischen den beiden stimmgleichen Zielen entscheiden.
Diesmal fragt Maria und Jan zählt, wie viele Kinder sich melden. Es gibt ein klares Ergebnis. Nun steht das Ausflugsziel fest, das die Mehrheit der Kinder wünscht.

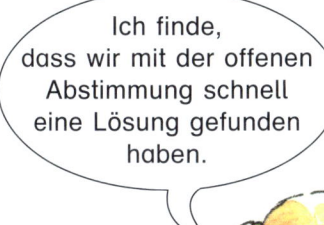

Ich finde, dass wir mit der offenen Abstimmung schnell eine Lösung gefunden haben.

Ina

Ich habe das gewählt, was mein Freund gewählt hat, weil ich mit ihm zusammen sein will.

Tom

Ich hätte lieber nicht offen gewählt. Jetzt weiß jeder, dass ich gegen den Vorschlag war.

Klara

1 Nennt Beispiele, bei denen es offene Abstimmungen gibt.

2 Diskutiert darüber, warum nicht alle Abstimmungen offen durchgeführt werden.

3 Nennt die Vorteile oder Nachteile einer offenen Abstimmung.

■ Die geheime Abstimmung, Seite 23   ○ Lernsoftware: Nr. 85

Einen Klassensprecher wählen

Die 3. Klasse hat beschlossen, einen Klassensprecher oder eine Klassensprecherin zu wählen. Vier Kinder stellen sich zur Wahl.

Sie sagen:

Wenn ich Klassensprecher werde, übernehme ich alle Ämter in der Klasse und erledige auch die Botendienste.

Timo

Ihr könnt mir alle eure Wünsche sagen. Ich werde sie den Lehrern vortragen. Ich helfe euch bei Problemen.

Kim

Ich erledige die Aufgaben, die ihr mir gebt. Aber jeder muss auch Verantwortung übernehmen und mithelfen.

Pia

Ich sorge dafür, dass es weniger Streit gibt, denn ich kann gut Streit schlichten.

Murat

1 Welche Aufgaben hat ein Klassensprecher? Diskutiert die Aussagen der vier Kinder.

Die vier Kinder möchten gern gewählt werden. Sie sind alle überzeugt, dass sie gute Klassensprecher wären. Alle vier stellen den Mitschülern vor, was sie als Klassensprecher tun wollen. So eine begründete und überzeugende Aussage nennt man ein Argument.

2 Welche Eigenschaften sollte ein Klassensprecher haben?

Wenn man erfolgreich argumentieren will, muss man sich sicher sein. Man muss genau Bescheid wissen. Vielleicht ist es sogar nötig, den Beweis zu liefern, dass man recht hat. Man braucht gute Argumente. In Diskussionen streiten die Teilnehmer oft mit gegensätzlichen Argumenten.

Übrigens

Auch Erwachsene argumentieren und stimmen ab. Sie wählen zum Beispiel Elternvertreter für die Klasse. In der Gemeinde wird ein Bürgermeister oder eine Bürgermeisterin gewählt.
In allen diesen Ämtern sollen die gewählten Personen für ihre Wähler sprechen und Gutes tun.
In Deutschland werden Abgeordnete von allen wahlberechtigten Deutschen für den Bundestag in Berlin gewählt. Die Bundestagsabgeordneten entscheiden über wichtige Fragen für ganz Deutschland.

▪ Wir planen einen Ausflug, Seite 20

Die geheime Abstimmung

Die Kinder führen bei ihrer Klassensprecherwahl eine demokratische Wahl durch.
Das griechische Wort Demokratie bedeutet übersetzt „die Herrschaft durch das Volk".
Damit ist gemeint, dass alle Bürger an der Regierung ihres Landes mitwirken. Es kann aber nicht jeder Einzelne an allen Entscheidungen beteiligt werden. Deshalb wählen die Bürger Abgeordnete ihres Vertrauens. Diese demokratisch gewählten Personen sprechen und entscheiden für ihre Wähler in den Parlamenten.
Bei einer demokratischen Wahl hat man ein Wahlrecht, ist aber nicht gezwungen zu wählen. Man kann auf die Wahl verzichten oder den Wahlzettel ohne Kreuz abgeben, um seine Stimmenthaltung zu zeigen. Wichtig ist, dass nach der Wahl alle das Wahlergebnis anerkennen, auch wenn sie selbst anders gewählt haben.

1 Welche Vorteile hat die geheime Wahl gegenüber der offenen Abstimmung?

Merkmale einer demokratischen Wahl:

Die Wahl ist allgemein.
Jedes Kind der Klasse darf wählen.
Jedes Kind der Klasse kann gewählt werden.

Die Wahl ist frei.
Die Wähler können sich ihre Meinung bilden und frei entscheiden, wen sie wählen.

Die Wahl ist geheim.
Die Kinder können wählen, ohne dass ihre persönliche Wahl bekannt ist.

Die Wahl ist gleich.
Jeder Wähler hat gleich viele Stimmen.
Jede Stimme zählt gleich viel.

Die Wahl ist unmittelbar.
Der Klassensprecher wird direkt von den Kindern gewählt.

Ablauf einer geheimen Abstimmung:

1 Wer sich bei einer Wahl wählen lassen möchte, ist **Kandidat.** Auch Kandidaten dürfen mitwählen.

2 Damit bei der Wahl alles richtig gemacht wird, gibt es den **Wahlleiter.** Wer die Wahl leitet, darf mitwählen, aber nicht Kandidat sein.

3 Jeder Wahlberechtigte erhält einen Stimmzettel mit den Namen der Kandidaten. Man wählt durch Ankreuzen.

4 Hinter einem Sichtschutz, der **Wahlkabine**, kann man unbeobachtet sein Kreuz auf dem Stimmzettel machen.

5 Die **Wahlurne** ist ein Sammelbehälter für abgegebene Stimmzettel.

6 Wenn die Wahl beendet ist, wird die Wahlurne geleert. Bei der **Auszählung** werden die Stimmzettel vorgelesen und die Stimmen gezählt.

7 Wenn alle Stimmen ausgezählt sind, steht das **Wahlergebnis** fest. Wer die meisten Stimmen hat, ist der Gewinner.

■ Die offene Abstimmung, Seite 21

▶ Arbeitsheft: Seite 12
○ Lernsoftware: Nr. 85

Medien im Alltag

Luca hat seine Hausaufgaben erledigt und es bleibt ihm Zeit für andere Dinge.
Da es regnet, weiß er nicht so recht, was er machen soll. Ihm ist langweilig. Aber er hat zu Hause viele Möglichkeiten, seine Freizeit zu gestalten.

1 Überlege, wie sich Luca beschäftigen könnte. Nenne verschiedene Möglichkeiten.

2 Stelle dir vor, du wärst an Lucas Stelle. Erzähle, was du gerne tun würdest.

3 Lies den Lexikontext zum Thema Medien. Vermute, in welcher Weise Luca die Medien wohl nutzen wird.

Sophie interessiert sich für Weltraumforschung und Raketen. Heute will sie sich über die erste Mondlandung informieren.

4 Betrachte das Bild. Zähle auf, welche Möglichkeiten Sophie hat, sich über die Mondlandung zu informieren.

5 Lies den Lexikontext zum Thema Medien. Vermute, in welcher Weise Sophie die Medien wohl nutzen wird.

6 Überlege, welche Medien du nutzt. Beurteile deinen Umgang mit Medien.

Aus einem Lexikon zum Begriff „Medien"
Medien (Lat.) Ez. das *Medium*, Mittel zur Verbreitung und zum Austausch von Inhalten in Form von Abbildungen, Texten, Filmen, Tonaufzeichnungen und Filmen mit Ton.
Zu den Medien zählen z.B. Bücher, Zeitungen, Telefon, Radio, Fernsehen, Tablet, Smartphone, Computer und das Internet. Die Inhalte von Medien können sich an einzelne Personen oder Gruppen (z.B. Brief, Telefon), aber auch an ein großes Publikum richten (z.B. Fernsehen, Rundfunk). Medien dienen der Information oder der Unterhaltung. Oft sind beide Formen der Nutzung kaum zu trennen. Viele Tierfilme z.B. unterhalten und informieren.

Mithilfe eines modernen Mobiltelefons kann man über das Internet Nachrichten lesen, Filme anschauen, Freunden Nachrichten oder Bilder senden sowie Radio oder Musik hören.
Medien können über große Entfernungen Kontakte zwischen Menschen ermöglichen.

● **M 4 Einen Text im Schulbuch auswerten, Seite 7**
■ Ein Film entsteht, Seite 26/27
■ Das Internet nutzen, Seite 133
■ Mit einer Suchmaschine arbeiten, Seite 134
■ Sich im Internet informieren, Seite 135

Maximilians Oma wohnt in einer anderen Stadt und er kann sie nicht so oft besuchen. Deshalb chattet er häufig am Computer mit ihr. Er kann mit ihr sprechen. Über die Kameras in den Computern können sie sich gegenseitig sehen und auch etwas zeigen.

Tinas Freundin Maria liegt krank im Bett. Tina kann aber mit Maria telefonieren und ihr Texte, Bilder und Tonaufzeichnungen schicken. Als ihre Freundin schläft, schickt ihr Tina das Foto eines Bildes, das sie für sie gemalt hat. Das kann Maria später anschauen, wenn sie ihr Smartphone wieder eingeschaltet hat.

7 Welche Aufgaben übernehmen in diesen beiden Situationen der Computer und das Mobiltelefon? Lies im Lexikontext nach.

8 Informiert euch, was bei der Nutzung eines Smartphones zu beachten ist.

Das Spielen mit digitalen Medien kann sehr spannend sein. Oft kann man dann nicht mehr damit aufhören. Daher solltest du darauf achten, dass du nicht zu viel Zeit damit verbringst und andere Dinge vernachlässigst.

Tipp: Stell dir einen Wecker – nach dem Klingeln ist Schluss!

Mit den modernen Medien kann man ganz leicht Fotos von sich und anderen „ins Netz stellen". Das Internet „vergisst" aber nichts und so sind diese Fotos auch noch in vielen Jahren zu sehen. Fotos von anderen dürfen nicht ohne deren Einwilligung veröffentlicht werden!

Im Internet kann jeder etwas veröffentlichen. Dafür gelten Regeln und Gesetze. Man darf nicht über andere die Unwahrheit schreiben, sie beschimpfen oder mit Worten verletzen. Ein solches Verhalten kann bestraft werden.

9 Manche Menschen nehmen hauptsächlich über den Computer oder das Smartphone Kontakt zu anderen auf. Beurteile dieses Verhalten. Begründe deine Beurteilung.

Ein Film entsteht

In einem Filmstudio wird ein Film gedreht. Viele Menschen arbeiten hier. Alle sorgen dafür, dass später im Kino oder Fernsehen alles echt aussieht.

Im Studio wird eine Kulisse gebaut. In ihr spielen die Schauspieler. Der Regisseur achtet darauf, dass alles richtig gemacht wird. Unterstützt wird er z.B. von einem Kameramann, einer Regieassistentin, den Maskenbildnern, dem Beleuchter, dem Toningenieur und den Personen, die für die Spezialeffekte und Stunts zuständig sind.

1 Welche Gegenstände werden beim Film gebraucht? Erkläre sie.

2 Welche Berufe sind beim Film wichtig? Versuche, die Tätigkeiten zu beschreiben.

Im Film soll der Schauspieler am Fensterbrett hängen. Tatsächlich liegt er auf einer Kulisse.

Die Windmaschine sorgt dafür, dass es später im Film so aussieht, als sei das Schiff in einem Sturm.

Auch Geräusche und Musik können eine harmlose Szene sehr unheimlich wirken lassen.

Einzigartige Killerkatze gezüchtet!

Tollwütige Katze entlaufen!

Jungkatze von Todesvirus befallen!

Frühjahrsmüdigkeit auch bei Katzen?

Mithilfe von unterschiedlichen Texten oder besonderen Bildausschnitten kann ein und dasselbe Bild unterschiedliche Aussagen haben. Sie wirken dann ganz anders auf den Betrachter.

3 Schau dir das obere Bild an. Vergleiche die Überschriften. Vermute, wie Leser reagieren könnten.

4 Schneide aus Prospekten und Zeitschriften Bilder aus. Finde verschiedene Überschriften.

Manchmal werden Bilder auch absichtlich verändert. Sie werden manipuliert.
Um die Wirkung von Bildern zu steigern, werden einfach Teile weggelassen oder hinzugefügt. Mit einem Computer lassen sich solche Bildmanipulationen besonders einfach und genau herstellen. Der Betrachter kann nicht feststellen, ob das Bild verändert wurde oder nicht.

5 Versucht, an einem Computer ein Foto zu verändern. Lasst dabei etwas weg oder fügt etwas hinzu.

6 Sammelt Fotos und überlegt, was daran verändert sein könnte.

7 Überlegt, welche Folgen das Manipulieren von Bildern haben kann.

Werbung – kaufen und verkaufen

So werben die Profis

Hersteller von Schoko-Müsli-Riegeln müssen nicht nur gut schmeckende Riegel produzieren. Sie müssen auch bei der äußeren Gestaltung, beim Design, vieles beachten. Durch auffällige Formen, Namen und gut gestaltete Verpackungen sollen Kunden auf das Produkt aufmerksam werden und es kaufen. Oft lassen Hersteller vor der Entwicklung des Produktes viele Menschen befragen, um herauszufinden, was gewünscht und gekauft wird.

1 Vergleiche die Riegel. Nenne Gemeinsamkeiten und Unterschiede. Überlege, welche Riegel du auswählen würdest? Begründe deine Entscheidung.

Alle größeren Firmen haben ein einprägsames Markenzeichen, auch „Logo" genannt. Für die meisten Produkte gibt es einen extra entwickelten, gut zu merkenden Werbespruch, einen „Slogan". Der Slogan soll bewirken, dass die Verbraucher das Produkt und seinen Namen lange Zeit im Gedächtnis behalten und es deshalb immer wieder kaufen.

2 Schaut euch Werbeprospekte und Werbung im Fernsehen an oder hört Werbung im Radio. Notiert Slogans, vergleicht sie und prüft, was sie inhaltlich aussagen.

Bei der Werbung für ein Produkt werden oft auch die Gefühle und Sehnsüchte der Menschen angesprochen, z. B. eine herrliche Landschaft, intakte Natur, gesunde sportliche Menschen oder ein schönes Zuhause. All diese Dinge werden in der Werbung genutzt, obwohl sie mit dem Produkt, für das geworben wird, eigentlich nichts verbindet.

3 Untersucht die Werbung für verschiedene Produkte. Beschreibt, wie Gefühle und Sehnsüchte eingesetzt werden.

● M 4 Einen Text im Schulbuch auswerten, Seite 7
● M 8 Ein Bild auswerten, Seite 9
● M 14 Ein Interview planen und durchführen, Seite 12

So könnt ihr selbst für etwas werben

Viele Grundschulkinder ernähren sich auch in den Pausen gesund. Sie wissen, wie wichtig gesunde Ernährung ist.

1 Plant in eurer Klasse gemeinsam mit eurer Lehrkraft eine Werbeaktion für ein gesundes Pausenfrühstück, damit sich noch mehr Kinder gesund ernähren.

2 Befragt für die Werbeaktion die Kinder eurer Klasse und einer Nachbarklasse mithilfe eines Fragebogens. Entwickelt dafür einen Fragebogen, z. B. …

   a) Isst du etwas in den Pausen?

      ( ) ja   ( ) nein

   b) Isst du an allen Tagen etwas in den Pausen?

   und so weiter …

3 Befragt nun Kinder mithilfe des Fragebogens. Nehmt für jedes Kind einen Fragebogen und kreuzt die Antworten an.

4 Wertet diese Fragebögen mithilfe einer Strichliste und einer Tabelle aus.

5 Besprecht die Ergebnisse. Überlegt, welche Hilfen euch die Ergebnisse der Befragung für eure Werbekampagne geben.

6 Überlegt auch, welche Gründe es geben kann, dass sich manche Kinder ungesund ernähren.

7 Entscheidet, auf welche Weise ihr für ein gesundes Pausenfrühstück werben wollt, z. B. mit Plakaten oder auch mit Werbespots, die mit einem Smartphone aufgenommen und abgespielt werden.

8 Formuliert einen einprägsamen Werbeslogan. Erstellt eure Werbemittel.

9 Startet eure Werbeaktion.

Tipp: Durch eine zweite Befragung nach eurer Werbeaktion könnt ihr herausfinden, ob eure Werbeaktion erfolgreich war.

▪ Ein Film entsteht, Seite 26/27   ▶ Arbeitsheft: Seite 13

Angebot und Kaufverhalten

In Supermärkten oder Kaufhäusern werden die Waren so präsentiert, dass die Kunden sie möglichst leicht finden. Um die Kunden zum Kauf weiterer Waren zu bewegen, sind die Regale so angeordnet, dass man auf dem Weg vom Eingang bis zur Kasse an möglichst vielen Produkten vorbeikommt.

1 Besuche mit einem Erwachsenen einen Supermarkt. Finde heraus, wie dort die Regale angeordnet sind. Skizziere den Weg vom Eingang zur Kasse und die Anordnung der Waren.

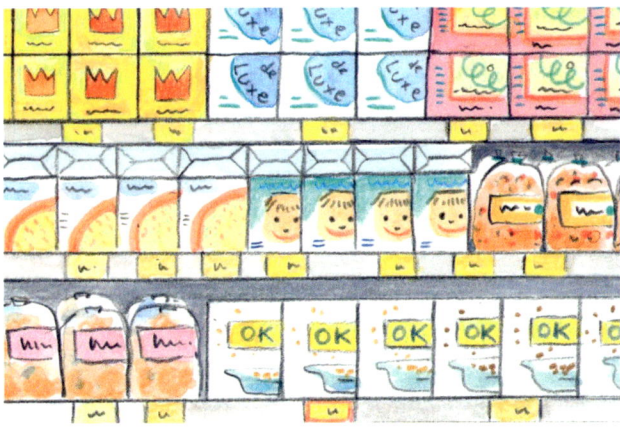

In den Regalen sind die Waren so angeordnet, dass sie die Kunden zum Kauf bestimmter Produkte anregen sollen. Oft stehen die teuren Waren auf Augenhöhe, weil sie dort besser auffallen und eher gekauft werden. Waren, deren Haltbarkeitsdatum bald abläuft, stehen vorn in der ersten Reihe.

2 Schau dir Regale in einem Supermarkt an. Notiere, was dir auffällt.

Durch billige Sonderangebote werden Kunden angelockt und zum Kaufen angeregt. Oft wird zusätzlich durch Musik versucht, bei den Kunden eine gute Stimmung zu erzeugen, damit sie mehr Waren kaufen.

3 Besprecht und notiert, mit welchen Methoden ihr Kunden zum Kaufen in einem Supermarkt anregen würdet.

Übrigens

Manche Produkte verkaufen sich gut, weil es kostenlos etwas Zusätzliches gibt. So kann man zum Beispiel Punkte sammeln, für die man ab einer bestimmten Punktzahl kostenlos etwas auswählen kann. Das Ziel ist oft, Informationen von den Kunden einzusammeln. Ein beliebter Kaufanreiz sind auch Sammelbilder. Viele Kunden kaufen diese Produkte und achten wenig auf die Qualität und den Preis.

● M 1 Eine Ideensammlung anlegen, Seite 5
● M 6 Einen Lernort erkunden, Seite 8

■ Werbung – kaufen und verkaufen, Seite 28/29

Beim Einkaufen solltest du immer daran denken, dass Supermärkte, Kaufhäuser oder Geschäfte mit vielerlei Methoden und geschickter Werbung zum Kauf anregen wollen. Versuche diese Methoden zu durchschauen. Schreibe dir Einkaufszettel und kaufe nur das, was du notiert hast. Lass dir Zeit und überlege gut, bevor du etwas kaufst. Gerade mit billigen Sonderangeboten sollen Kunden angelockt und zum unüberlegten Kaufen verleitet werden. Nur informierte, aufmerksame Kunden kaufen sinnvoll und preiswert ein und haben angemessene Vorräte zu Hause.

Durch die Herstellung, aufwändige Verpackungen und den Transport von Waren über große Entfernungen wird unsere Umwelt stark belastet. Jeder kann durch überlegtes Einkaufen mithelfen, diese Umweltbelastungen zu verringern.

4 Lest die Regeln für den Einkauf und erklärt sie. Notiert die Regeln in eurem Heft oder in eurem Lerntagebuch.

5 Begleite deine Eltern beim Einkaufen. Schaue nach Waren, die hauptsächlich für Kinder angeboten werden. Finde heraus, mit welchen Methoden zum Kauf angeregt werden soll. Notiere Beispiele. Überprüfe dein eigenes Kaufverhalten und beurteile es.

Regeln für den Einkauf

- Überlege vorher in Ruhe, was du wirklich brauchst.
- Schreibe dann einen Einkaufszettel.
- Lass dich im Geschäft nicht zum Kaufen verleiten. Kaufe nur das, was du brauchst und vorher notiert hast.
- Versuche Lockangebote und „Tricks" zu durchschauen.
- Verwende für den Einkauf Stofftaschen oder Körbe.
- Achte auf umweltfreundliche Produkte.
- Schaue nach Produkten, die aus deiner Region kommen.

Übrigens

Geworben wird nicht nur für Waren. Auch für Freizeitangebote, z. B. Konzerte, Freizeitparks, Kino, Sportveranstaltungen oder Urlaub gibt  es Werbung. Sie versucht auf gleiche Weise, uns zu beeinflussen.

So leben Kinder in anderen Ländern

Mit dem Ruderboot zur Schule

Auf dem Titicacasee in Peru leben Menschen auf schwimmenden Inseln aus Schilf. Auf manchen dieser Inseln wohnen nur eine oder zwei Familien.

Die Kinder müssen mit dem Ruderboot zur Schule fahren. Diese befindet sich auf einer Insel mitten im See.

Die Fahrt ist für die Kinder nicht ungefährlich. Besonders wenn Sturm aufkommt, werden die Wellen im See so hoch, dass die kleinen Boote kentern können. Für einige Kinder beträgt die Fahrzeit zur Schule zwei Stunden. Manche fahren alleine, andere teilen sich ein Boot und bilden eine Fahrgemeinschaft. Trotz der Strapazen ist es für die Kinder wichtig, in die Schule zu gehen. Sie lernen lesen und schreiben und können später einen Beruf erlernen.

Durch die Savanne zum Unterricht

Die Massai in Kenia sind Hirten und züchten Rinder und Ziegen. Lange Zeit gab es bei den Massai keine Schule. Alle wichtigen Dinge lernten die Kinder von ihren Eltern, aber fast kein Kind konnte lesen und schreiben. Heute gibt es Schulen. Trotzdem schicken die Familien oft nur ein Kind zur Schule, da sie nicht für alle Kinder Schulbücher, Stifte und Hefte kaufen können. Außerdem müssen die Kinder beim Hüten der Tiere helfen. Viele Kinder haben einen weiten Schulweg. Da es keinen Schulbus gibt, müssen sie zum Teil mehr als zehn Kilometer zu Fuß gehen. Die Wege durch die Savanne liegen meist in der Sonne und es ist über 30° C heiß. Eine Gefahr für die Kinder sind Wildtiere: Elefanten, Löwen und Hyänen kreuzen den Schulweg. Die Kinder müssen gut aufpassen, damit ihnen nichts passiert.

● M 8 Ein Bild auswerten, Seite 9

Ein Leben auf der Straße

In den großen Städten Indiens gibt es viele Kinder, die auf der Straße leben. Manche wurden von ihren Familien verstoßen, andere sind von zu Hause fortgelaufen. Um zu überleben, müssen sie für sich selbst sorgen. Viele Kinder sammeln auf einem Müllplatz Alteisen, Stoffreste oder Plastikteile, die sie für kleine Geldbeträge verkaufen. Zum Alltag vieler Straßenkinder zählen Bedrohungen und Gewalt.

Die Straßenkinder haben kein festes Zuhause, sondern müssen sich einen Platz zum Schlafen suchen. Sie übernachten an Straßenrändern, unter Brücken oder in einfachen Kisten. Das Leben der Kinder ist voller Unsicherheiten und Gefahren. Viele werden krank oder sterben an Verletzungen. Wenn sie Glück haben, finden sie eine Einrichtung, die sich um Straßenkinder kümmert. Dort erhalten sie zu essen und zu trinken und vielleicht können sie dort sogar lesen und schreiben oder ein Handwerk erlernen.

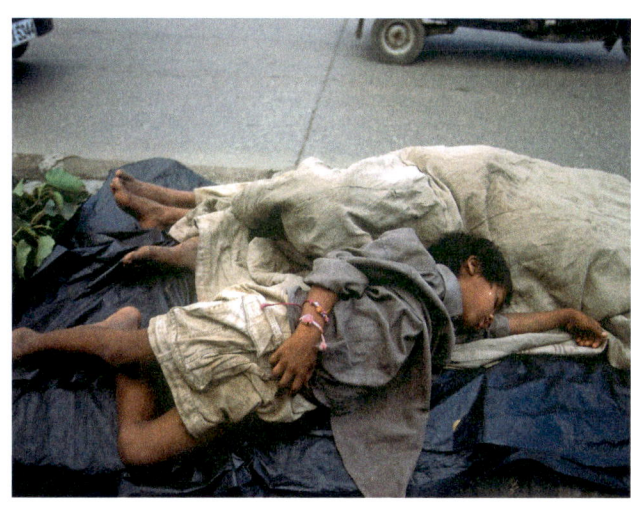

1 Findet die Länder Peru, Kenia und Indien auf der Weltkarte in einem Atlas.

2 Notiert, auf welchen Kontinenten diese Länder liegen und wie die Nachbarländer heißen.

3 Wie leben die auf dieser Doppelseite vorgestellten Kinder? Schreibe die Besonderheiten in Stichpunkten auf.

4 Vergleicht die beschriebenen Lebensweisen der Kinder mit eurer eigenen Lebensweise. Stellt euch vor, ihr würdet so leben wie diese Kinder. Vermutet, was ihr als gut, spannend, bedrückend oder gefährlich empfinden würdet.

5 Beschafft euch weitere Informationen über das Leben von Kindern in anderen Ländern. Recherchiert im Internet oder befragt Kinder, die aus anderen Ländern zu uns gekommen sind.

6 Erstellt zum Thema „So leben Kinder in anderen Ländern" eine Ausstellung.

7 Informiert euch über die Arbeit von Hilfsorganisationen, die zum Beispiel in armen Ländern Einrichtungen und Schulen für Kinder bauen. Vielleicht ist es euch möglich, ein solches Projekt zu unterstützen.

Das habe ich gelernt

In diesem Sachbuch darf nicht geschrieben oder gezeichnet werden!
Notiere daher in deinem Heft die Überschrift dieser Seite, die Nummer und den Buchstaben der Aufgabe und dahinter deine Antwort.

1 Lege für diese sieben Sätze eine Tabelle an.
Ordne die Sätze den Rechten oder Pflichten eines Schülers zu.

A – Meine Gedanken sind wichtig, ich darf sie sagen.
  – Ich halte meinen Arbeitsplatz sauber.
  – Ich komme pünktlich zur Schule.
  – Ich darf in der Schule lernen.
  – Ich gehe respektvoll mit meinen Mitschülern um.
  – Ich kann mich in Pausen erholen.
  – Jedes Kind kann Aufgaben und Verantwortung übernehmen.

Rechte	Pflichten
_?_	_?_
_?_	_?_
_?_	_?_
_?_	_?_
_?_	_?_
_?_	_?_
_?_	_?_

2 Wähle aus den folgenden Wortpaaren jeweils die Begriffe aus, die zur geheimen Abstimmung gehören und notiere sie. Setze die Lösungsbuchstaben zu einem Lösungswort zusammen.

B Kandidat (I) – Präsident (K)
Spielleiter (S) – Wahlleiter (P)
Stimmzettel (L) – Moderationskarte (I)
Wahlkabine (F) – Umkleidekabine (A)

Wahlurne (C) – Briefkasten (L)
Auszählung (T) – Schätzung (E)
Benotung (T) – Wahlergebnis (H)

3 Wenn ein Film gedreht wird, arbeiten viele Menschen dabei mit. Sie haben unterschiedliche Aufgaben. Finde die Berufe und schreibe sie auf.

C Ich sorge dafür, dass die Schauspieler für ihre Rollen geschminkt werden und passende Kostüme tragen.
D Ich kümmere mich darum, dass die Schauspieler und die Filmszene perfekt beleuchtet sind.

E Ich bin verantwortlich für die Dreharbeiten und den Film und achte darauf, dass alles richtig gemacht wird.
F Ich filme die Handlungsorte und die Schauspieler, wenn sie die verschiedenen Szenen darstellen.

4 Prüfe die Richtigkeit der Sätze zum Thema „Werbung". Notiere die richtigen Aussagen.

G – Durch billige Sonderangebote werden Kunden angelockt.
  – Im Supermarkt stehen die billigen Angebote auf Augenhöhe.
  – Für viele Produkte gibt es einen gut zu merkenden Werbespruch.
  – Produkte verkaufen sich gut, wenn es kostenlos etwas Zusätzliches gibt.
  – Hersteller von Schokolade müssen nur gut schmeckende Sachen produzieren.
  – Bei der Werbung werden oft auch die Sehnsüchte der Menschen angesprochen.

Raumbezogener Bereich

Orte und Städte haben meist eine lange Entstehungsgeschichte.
Finde heraus, wo du dir Informationen über deinen Ort (deine Stadt) beschaffen kannst.

Ein Kompass zeigt die Himmelsrichtungen an.
Finde heraus, wie er funktioniert.

Mithilfe von Karten und Plänen können wir uns orientieren. Welche Karten und Pläne kennst du schon?

- M 1 Eine Ideensammlung anlegen
- M 8 Ein Bild auswerten
- M 6 Einen Lernort erkunden
- M 10 Sich auf einer Karte orientieren

Wir erkunden unseren Ort

Es gibt viele Möglichkeiten, den Heimatort zu erkunden.

1 Schau dir das Bild an. Auf welche Weise und mit welchen Hilfsmitteln hat sich diese Klasse über ihren Heimatort informiert?

2 Welche der gezeigten Möglichkeiten lassen sich zur Erkundung deines Heimatortes einsetzen?

So könnt ihr Ergebnisse bei eurer Ortserkundung festhalten: Fotografiert wichtige

Gebäude, Denkmale oder Plätze. Notiert die Erkenntnisse ebenso wie eure Fragen. Schreibt später die Antworten daneben. Nehmt Gespräche auf und hört sie später aufmerksam ab.

3 Überlegt, wie ihr die Ergebnisse eurer Erkundungen zu einer kleinen Ausstellung aufbereiten könnt.

Hier könnt ihr Hilfe bei der Erkundung eures Ortes bekommen:
Für jeden Ort gibt es eine Gemeindeverwaltung, Kirchen, Vereine und öffentliche Einrichtungen wie ein Museum oder eine Bücherei. Findet heraus, wo ihr euch informieren könnt.

Bei der Gemeindeverwaltung erhaltet ihr Informationen und Pläne vom Ort. Meldet euch telefonisch oder schriftlich zu einem Gespräch an. Vielleicht könnt ihr auch ein Interview mit dem Bürgermeister, der Bürgermeisterin oder einem Gemeinderatsmitglied führen.

Im Heimatmuseum werden viele Dinge aus früheren Zeiten ausgestellt. Die Fachleute im Museum erklären euch die Geschichte des Ortes. Sie erzählen über besondere Sitten und Bräuche.

● M 6 Einen Lernort erkunden, Seite 8
● M 14 Ein Interview planen und durchführen, Seite 12

■ Pläne lesen und verstehen, Seite 41/42
■ Mit einem Stadtplan arbeiten, Seite 43
■ Vom Luftbild zur Karte, Seite 40

Diese Materialien können für euch interessant sein:

 Im Ortswappen gibt es Symbole, die mit der Gründung oder Lage des Ortes zu tun haben. Lasst euch das Wappen erklären.

 Welche Tageszeitung wird bei euch gelesen? Hierin stehen auch viele Nachrichten aus eurem Ort.

 Im örtlichen Telefonbuch könnt ihr zum Beispiel Folgendes heraussuchen: Handwerker, Ärzte, Schulen, Vereine.

 Von größeren Orten gibt es Prospekte mit Abbildungen, Erklärungen und Zahlen. Damit könnt ihr euren Ort wie Touristen erkunden.

 Von Gebäuden oder Ortsteilen kann es ein Modell geben. Erkundigt euch danach oder baut selbst etwas nach.

 Vergleicht alte und neue Ortspläne, Luftbilder und Ansichtskarten. So könnt ihr Veränderungen entdecken.

 Hat euer Ort eine Internetadresse? Hier findet ihr meistens sehr vielseitige Informationen.

 In der Bücherei findet ihr Bücher über die Entstehung des Ortes, bedeutende Bürger, besondere Sagen oder Geschichten.

 Die Kirchen sind oft die ältesten Gebäude. Im Kirchenbüro erfahrt ihr mehr darüber. Es gibt Prospekte und Führungen.

 In der Touristen-Information gibt es Stadtpläne mit Erklärungen zu Sehenswürdigkeiten und Listen von Hotels, Restaurants und Gaststätten.

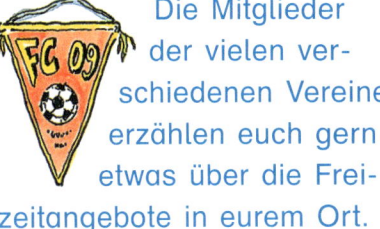 Die Mitglieder der vielen verschiedenen Vereine erzählen euch gern etwas über die Freizeitangebote in eurem Ort.

Himmelsrichtungen und Kompass

Hier bestimmen die Kinder die Himmelsrichtungen in ihrem Klassenraum. Sie nehmen dazu einen Stabmagneten und lassen ihn an einer Schnur auspendeln. Das rote Ende zeigt immer nach Norden, das graue nach Süden.

Unter den Magneten legen die Kinder eine Pappe mit einem aufgezeichneten Kreuz.

Sie drehen die Pappe so lange, bis sich eine Linie des Kreuzes genau unter dem Magneten befindet. Jetzt tragen die Kinder zuerst Norden und Süden ein. Westen liegt links und Osten liegt rechts von der Nord-Süd-Achse.

Die Darstellung der Himmelsrichtungen erfolgt in einer Windrose. Die Himmelsrichtungen wurden nach dem Sonnenstand festgelegt.

 Windrosen dienen der Orientierung.
Bei manchen Windrosen ist ein E (englisch: East) für Osten zu lesen.

Mit einem Spruch kannst du diese Beobachtungen in deiner Umgebung nachvollziehen:

1 Bestimmt in eurem Klassenraum die Himmelsrichtungen.
Befestigt Schilder mit den Namen der Himmelsrichtungen an den Wänden.

2 Überlege, wie du selbst eine vereinfachte Windrose zeichnen kannst. Schreibe die Haupt- und Nebenhimmelsrichtungen dazu.

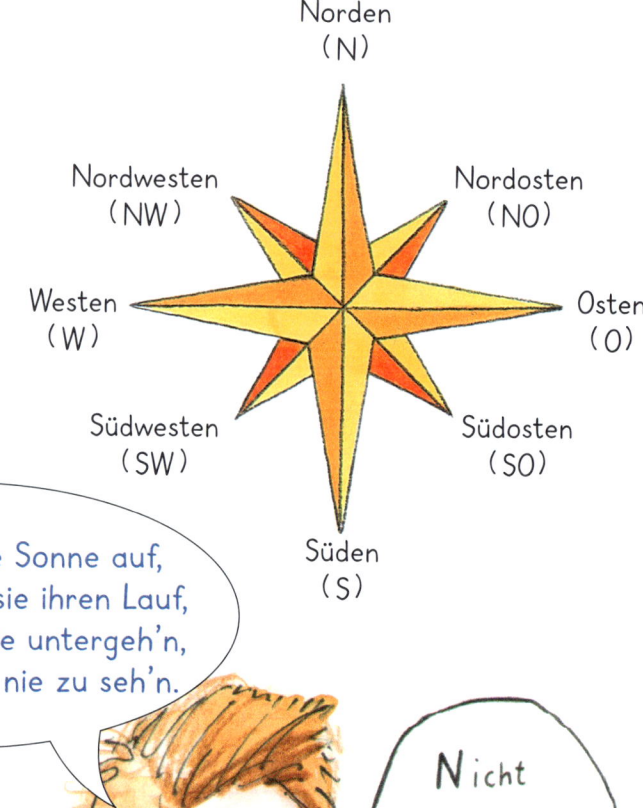

Im Osten geht die Sonne auf,
im Süden nimmt sie ihren Lauf,
im Westen wird sie untergeh'n,
im Norden ist sie nie zu seh'n.

Nicht
Ohne
Seife
Waschen

Norden
(N)

Nordwesten
(NW)

Nordosten
(NO)

Westen
(W)

Osten
(O)

Südwesten
(SW)

Südosten
(SO)

Süden
(S)

● M 9 Eine Skizze anlegen, Seite 9

Der Kompass ist ein Gerät, mit dem man die Himmelsrichtungen bestimmen kann. Er besteht aus einer Windrose, einer magnetischen Nadel und einem Gehäuse.

Das farbige Ende der Kompassnadel zeigt immer nach Norden. Die Windrose wird so lange gedreht, bis Norden unter der farbigen Spitze liegt.

Jetzt zeigt der Kompass, wo Norden ist. Auf Landkarten ist Norden fast immer am oberen Kartenrand, Süden am unteren Kartenrand.

Himmelsrichtungen mit einer Armbanduhr bestimmen

1 Richte den Stundenzeiger auf die Sonne aus.

2 Süden liegt immer in der Mitte zwischen Stundenzeiger und der 12 auf dem Ziffernblatt.

Übrigens

Heute nutzen die Menschen andere Navigationsgeräte, zum Beispiel das GPS. **GPS** (Global Positioning System) ist ein System zum Navigieren. Viele Schiffe, Flugzeuge und Autos haben GPS-Systeme. Weltweit erhalten ihre Computer die Daten zur Orientierung von Satelliten. Die GPS-Satelliten funken beständig ihre aktuelle Position und „ihre" Uhrzeit. Damit wir an jedem Punkt auf dem Globus Signale empfangen, funken 24 Satelliten zur Erde.

GPS-Satellit im All

▶ Arbeitsheft: Seite 14   ○ Lernsoftware: Nr. 67

Vom Luftbild zur Karte

Das Schrägluftbild

Das Foto wurde aus dem Flugzeug schräg
nach unten fotografiert (Schrägluftbild).
Auf diesem Luftbild erkennst du deutlich
einen Platz, Straßen, ein Denkmal, Autos,
Rasenflächen und Wald. Manche Dinge
werden verdeckt.

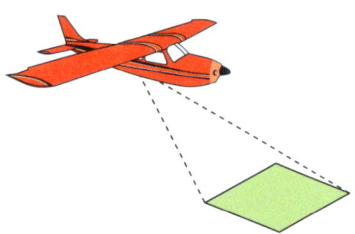

Das Senkrechtluftbild

Ein Senkrechtluftbild wird aus dem Flugzeug
senkrecht nach unten fotografiert.
Man spricht auch von einer Draufsicht.
Alle Dinge auf diesem Luftbild sind zu sehen
und werden nicht verdeckt. Die meisten
Senkrechtluftbilder werden heute von
Satelliten oder Drohnen aufgenommen.

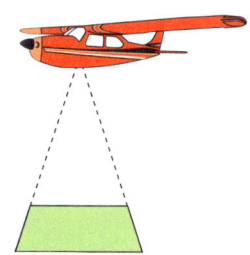

Die Karte

Luftbilder dienen als Vorlage für Karten.
Karten zeigen einen Teil der Erdoberfläche
in verkleinerter und vereinfachter Draufsicht.
Alle Kartenfarben und Zeichen werden in
der Legende erklärt.

1 Betrachte die drei Abbildungen auf dieser
Seite und beschreibe sie.

2 Vergleiche das Schrägluftbild mit dem
Senkrechtluftbild.

3 Vergleiche das Senkrechtluftbild mit der
Karte.

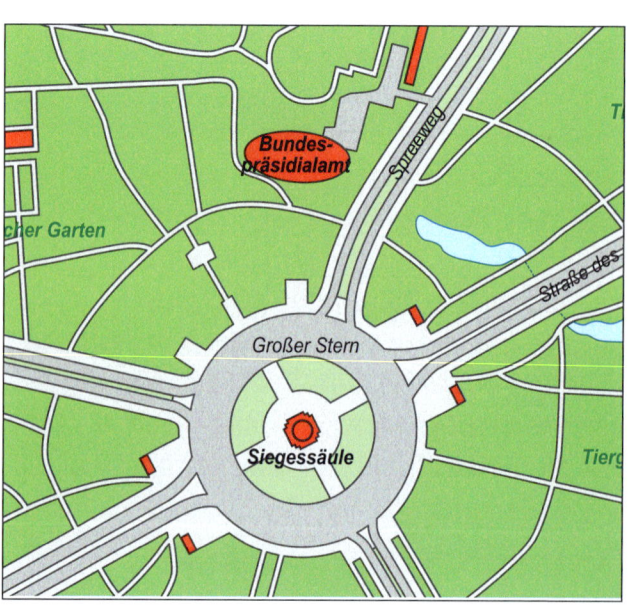

● **M 8 Ein Bild auswerten, Seite 9**
● **M 10 Sich auf einer Karte orientieren, Seite 10**

▶ Arbeitsheft: Seite 15

Pläne lesen und verstehen (1)

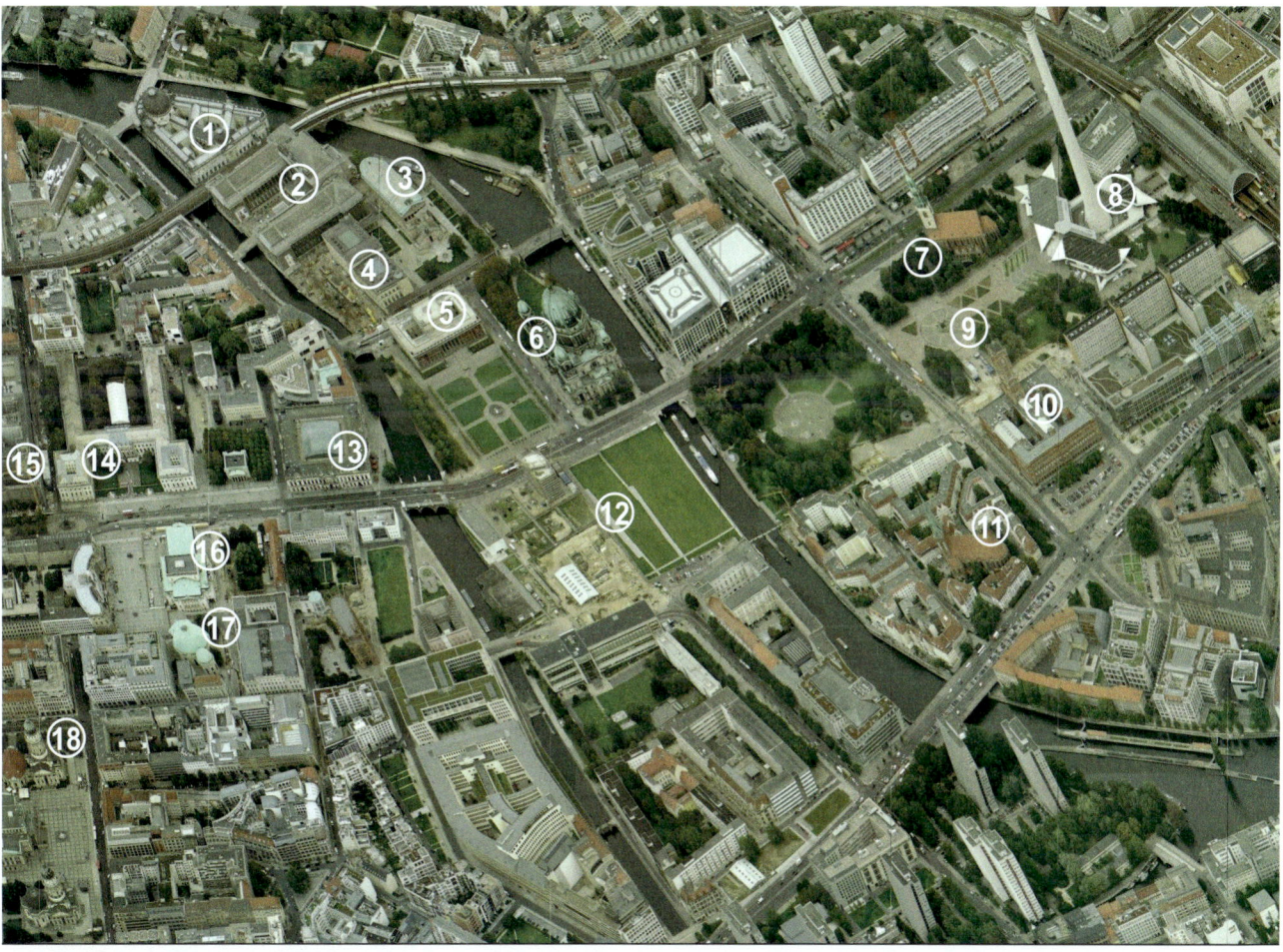

① Bode-Museum ⑤ Altes Museum ⑨ Neptunbrunnen ⑬ Deutsches Historisches Museum ⑰ St.Hedwigs-Kathedrale

② Pergamon-Museum ⑥ Berliner Dom ⑩ Rotes Rathaus ⑭ Humboldt-Universität ⑱ Französischer Dom

③ Alte Nationalgalerie ⑦ Marienkirche ⑪ Nikolaikirche ⑮ Staatsbibliothek

④ Neues Museum ⑧ Fernsehturm ⑫ Berliner Schloss – Humboldtforum ⑯ Deutsche Staatsoper

F46013_078_01

Die Kinder einer dritten Klasse planen einen Ausflug in die Stadt. Dort wollen sie verschiedene Sehenswürdigkeiten besuchen.

Um sich zu orientieren, haben sie über das Internet bei einem Kartendienst ein Schrägluftbild der Innenstadt herausgesucht.
Die Kinder werden mit der U-Bahn am Fernsehturm ankommen und von dort zum Neptunbrunnen gehen. Dort soll zunächst ein kleines Picknick stattfinden.
Gemeinsam überlegen sie, welche Sehenswürdigkeiten sie danach besuchen möchten. Sie schauen nach, welche Wege sie nehmen können.

1 Betrachte das Schrägluftbild. Finde den Weg der Kinder vom Fernsehturm bis zum Neptunbrunnen.

2 Die Kinder wollen nach dem Picknick unterschiedliche Sehenswürdigkeiten besuchen. Suche auf dem Schrägluftbild nach Sehenswürdigkeiten. Nenne Beispiele und beschreibe ihre Lage.

3 Überlege und nenne Beispiele, welche Wege die Kinder wählen könnten. Zeige die möglichen Wege mit dem Finger auf dem Schrägluftbild.

■ Pläne lesen und verstehen (2), Seite 42
■ Mit einer Suchmaschine arbeiten, Seite 134
■ Sich im Internet informieren, Seite 135

▶ Arbeitsheft: Seite 16
○ Lernsoftware: Nr. 68, 69

Pläne lesen und verstehen (2)

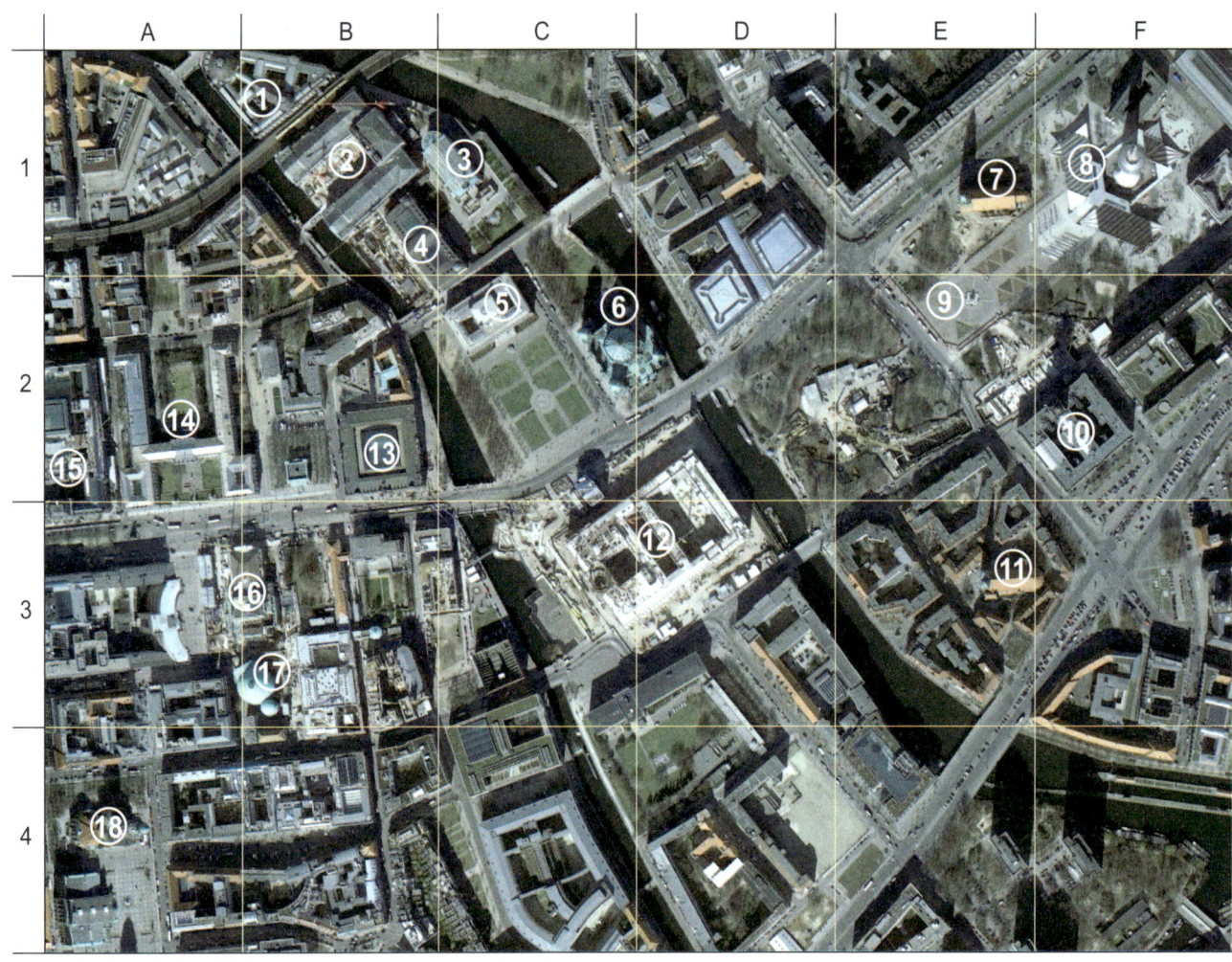

(1) Bode-Museum
(2) Pergamon-Museum
(3) Alte Nationalgalerie
(4) Neues Museum

(5) Altes Museum
(6) Berliner Dom
(7) Marienkirche
(8) Fernsehturm

(9) Neptunbrunnen
(10) Rotes Rathaus
(11) Nikolaikirche
(12) Berliner Schloss – Humboldtforum

(13) Deutsches Historisches Museum
(14) Humboldt-Universität
(15) Staatsbibliothek
(16) Deutsche Staatsoper

(17) St.Hedwigs-Kathedrale
(18) Französischer Dom

0   100   200 m

F46013_078_01

Die Kinder schauen sich nun den gleichen Bildausschnitt des Schrägluftbildes auf einem Senkrechtluftbild an.
In der Draufsicht sind auf diesem Foto viele Gebäude und Einrichtungen nicht mehr so zu erkennen wie auf dem Schrägluftbild.

1 Vergleicht das Senkrechtluftbild mit dem Schrägluftbild auf Seite 41. Legt dazu zwei aufgeschlagene Schulbücher nebeneinander. Nennt Unterschiede.

2 Mit welchem der beiden Luftbilder kannst du dich besser orientieren? Begründe.

Der Weg der Klasse führt nun weiter zur Marienkirche, dann zur Nikolaikirche und von dort zum Berliner Dom. Nach der Besichtigung des Domes geht es von dort am Deutschen Historischen Museum vorbei zur St. Hedwigs-Kathedrale.

3 Finde den Weg der Kinder auf dem Senkrechtluftbild. Verfolge ihn mit dem Finger auf dem Foto.

4 Stelle fest, ob die Kinder zu den Sehenswürdigkeiten über verschiedene Straßen gelangen können.

● M 8 Ein Bild auswerten, Seite 9
● M 10 Sich auf einer Karte orientieren, Seite 10

▶ Pläne lesen und verstehen (1), Seite 41
▶ Arbeitsheft: Seite 16

Mit einem Stadtplan arbeiten

Zeichenerklärung:
- 🟥 Öffentliches Gebäude
- 🟧 Wohnhaus, Geschäftshaus
- 🟩 Grünanlage
- 🟪 Denkmal, Brunnen
- 〰 Fluss
- ══ Straße, Weg
- ▬ Eisenbahn

0   100   200 m

F46013_079_01

Straßenverzeichnis:				
	Bodestraße B2/C1	Gendarmenmarkt F4	Kurstraße C4	Spandauer Straße E2
	Breite Straße D3/E4	Georgenstraße A1	Molkenmarkt F3	Spreegasse D1
	Brüderstraße D4	Gertraudenstraße E4	Mühlendamm E3/F3	Spreeufer E3
Am Kupfergraben A1/B1	Burgstraße D1	Grunerstraße F2/F3	Oberwallstraße B3	Taubenstraße A4/B4
Am Lustgarten C2	Dorotheenstraße A2/B2	Jägerstraße A4/B4	Poststraße E3	Universitätsstraße A2
Bebelplatz A3	Fischerinsel E4	Jüdenstraße F3	Rathausstraße F2	Unter den Linden A3/B3
Behrenstraße A3	Französische Straße A4/B4	Karl-Liebknecht-Straße E1	Rosenstraße E1	Werderscher Markt C3/D3

Die Lehrerin hat zusätzlich einen Stadtplan mit in die Klasse gebracht. Hier ist derselbe Ausschnitt abgebildet, der auf den Luftbildern zu sehen ist.

Ein Stadtplan ist eine Karte, die ausschließlich eine Stadt oder eine Region abbildet. Ein Stadtplan hat eine Legende oder Zeichenerklärung. Hier werden die Bedeutungen der Farben und Zeichen erklärt.

Zum schnelleren Finden haben viele Stadtpläne ein Straßenverzeichnis und Planquadrate.

Mithilfe des Leitermaßstabes können Entfernungen auf dem Stadtplan gemessen werden.

1 In welchem Planquadrat liegen:

a) der Fernsehturm   b) die Marienkirche
c) die Nikolaikirche   d) der Berliner Dom
e) die St.-Hedwigs-Kathedrale?

2 Was findest du im Planquadrat
a) B1?   b) F2?   c) A2?   d) B2?

3 Suche Straßen mit und ohne Straßenverzeichnis. Vergleiche und begründe, welche Suchmethode einfacher ist.

4 Vergleiche den Stadtplan mit den Luftbildern der Seiten 40 und 41. Nenne Vor- und Nachteile eines Stadtplanes.

► Arbeitsheft: Seite 17   ○ Lernsoftware: Nr. 68, 69

Wir orientieren uns auf der Kreiskarte

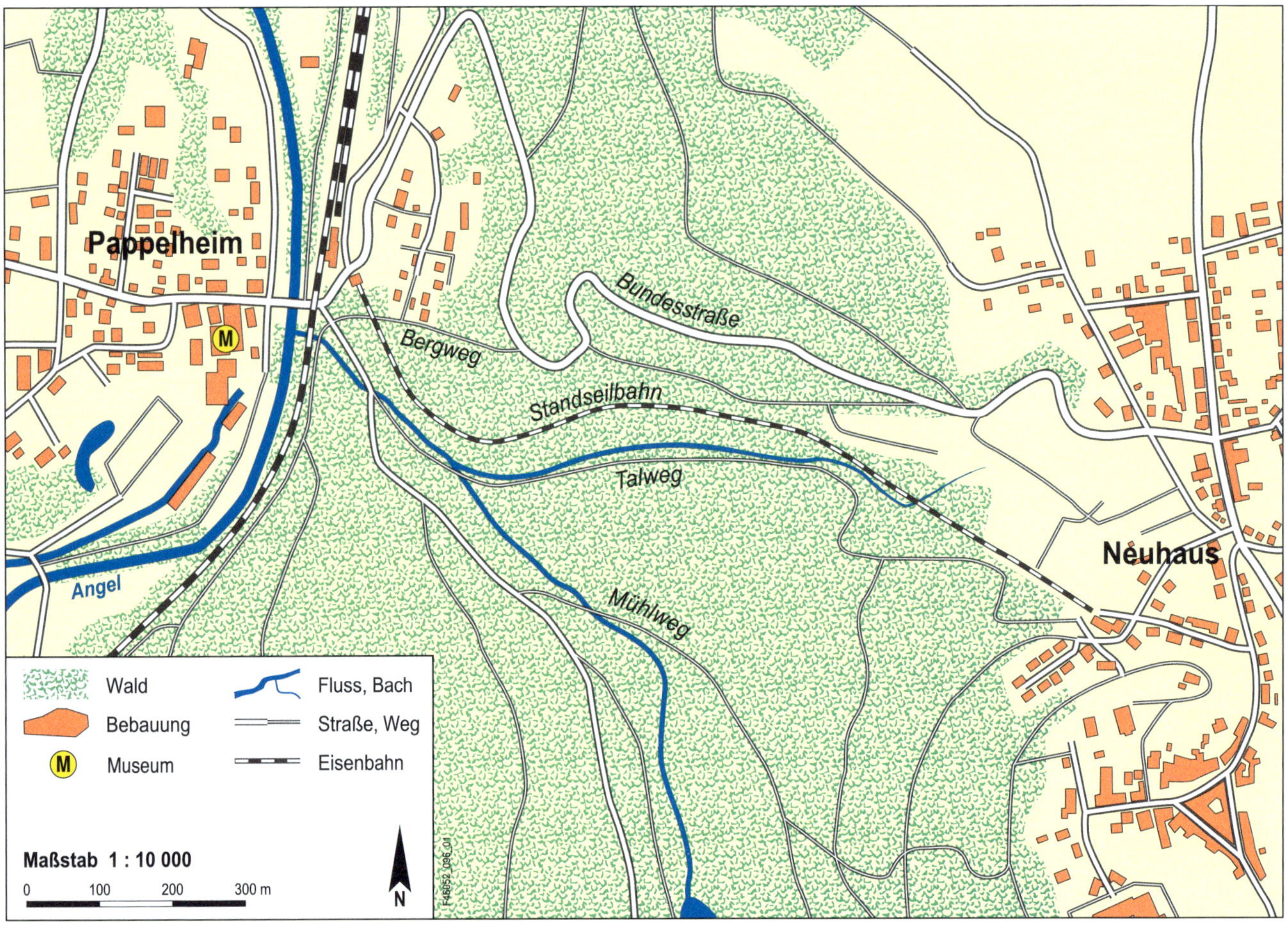

Pappelheim

Bergweg

Bundesstraße

Standseilbahn

Talweg

Neuhaus

Angel

Mühlweg

Wald		Fluss, Bach
Bebauung		Straße, Weg
M Museum		Eisenbahn

Maßstab 1 : 10 000

0   100   200   300 m

N

Die Klasse 3a aus dem Ort Neuhaus plant einen Besuch im Heimatmuseum der Stadt Pappelheim. Dazu wollen sich die Kinder mithilfe einer Karte informieren.

1 In welcher Himmelsrichtung liegt Pappelheim von Neuhaus aus?

2 Lest die Legende der Karte und beschreibt die Lage von Pappelheim.

3 Beschreibt mithilfe der Karte die unterschiedlichen Wege nach Pappelheim. Welchen Weg würdet ihr auswählen? Begründet die Entscheidung.

Messen von Entfernungen

So kannst du Entfernungen auf einer Landkarte abmessen: Du brauchst einen Blumendraht oder Wollfaden und eine Schere.

1 Lege den Wollfaden oder Draht auf dem ausgewählten Weg vom Ausgangspunkt bis zum Zielpunkt genau auf. Schneide ihn am Zielpunkt ab.

2 Lege den Faden oder Draht an den Leitermaßstab an und lies die Entfernung ab.

● M 10 Sich auf einer Karte orientieren, Seite 10   ▪ Himmelsrichtungen und Kompass, Seite 38/39
▪ Pläne lesen und verstehen, Seite 41/42

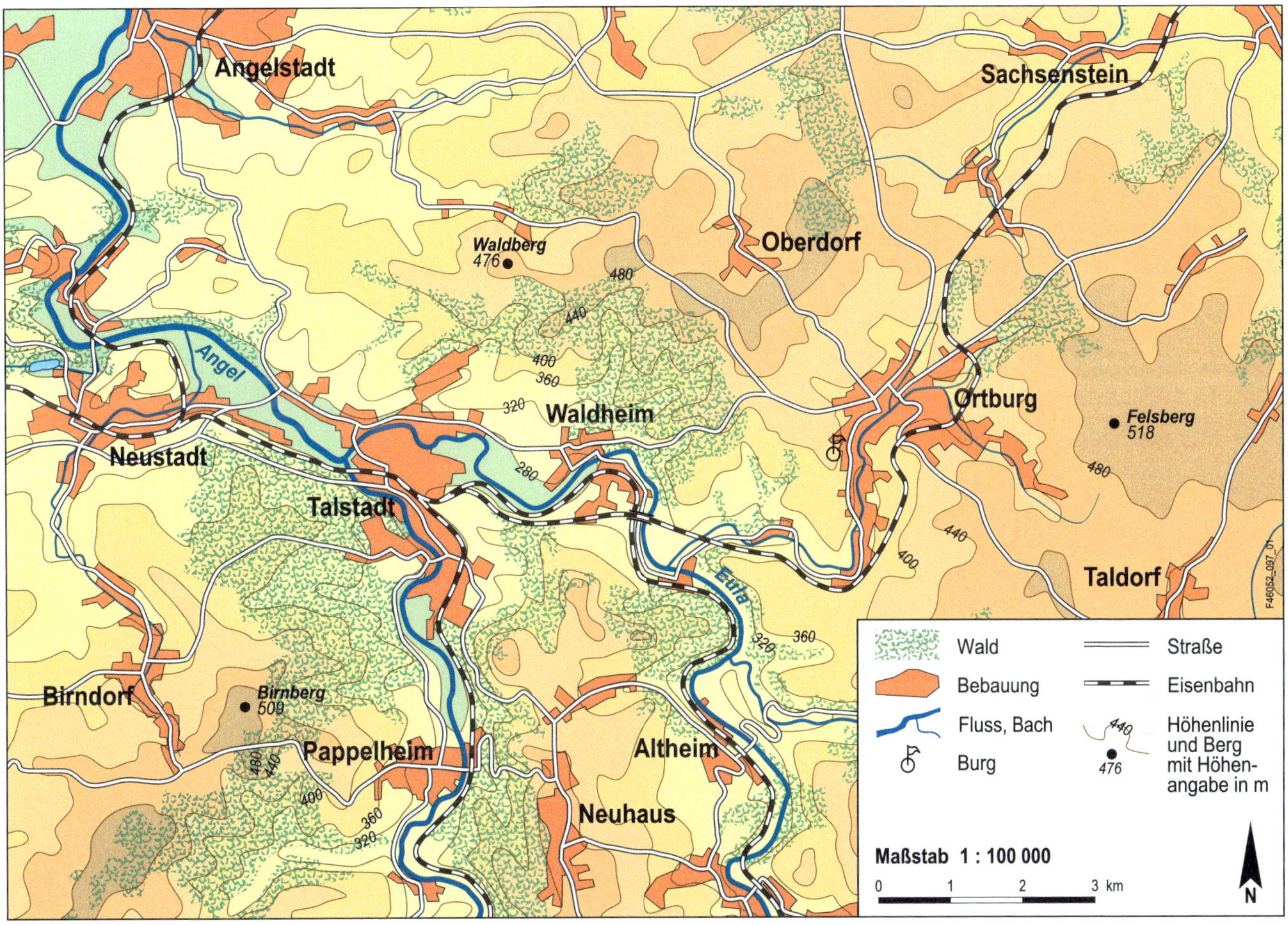

Map labels:

Angelstadt

Sachsenstein

Waldberg
476

Oberdorf

480

440

400
360

320 Waldheim

Ortburg

Felsberg
518

Neustadt

Angel

280

480

Talstadt

440

400

Taldorf

Eula

360

320

360

Birndorf

Birnberg
509

480
440

Pappelheim

400

360

320

Altheim

Neuhaus

Legende:

Wald		Straße	
Bebauung		Eisenbahn	
Fluss, Bach		Höhenlinie und Berg mit Höhen- angabe in m	440 / 476
Burg			

Maßstab 1 : 100 000

0   1   2   3 km

N

Die Klasse 3a fährt ins Schullandheim nach Talstadt.
Dort wollen sie die schöne Landschaft erkunden sowie Tiere und Pflanzen beobachten.

4 Vergleicht die beiden Landkarten.

5 Bestimmt von Neuhaus aus die Fahrtrichtung nach Talstadt.

6 Beschreibt die Lage von Talstadt. Findet heraus, in welcher Richtung von Talstadt aus Berge liegen.
Lest die Höhenangaben ab.

Untersuchungen im Heimatkreis

So könnt ihr euren Heimatkreis kennenlernen:

1 Sucht auf eurer Kreiskarte die Kreis- stadt und andere wichtige Orte.

2 Erkundet Naturschönheiten, Bau- denkmäler und Industrieanlagen.

3 Befragt Nachbarn und Freunde über Sitten und Bräuche in eurem Heimat- kreis. Schreibt sie auf.

▶ Arbeitsheft: Seite 18

Dein Heimatkreis in Sachsen-Anhalt

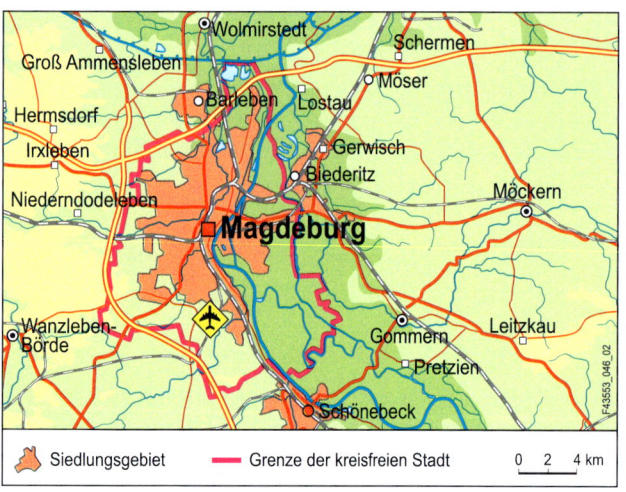

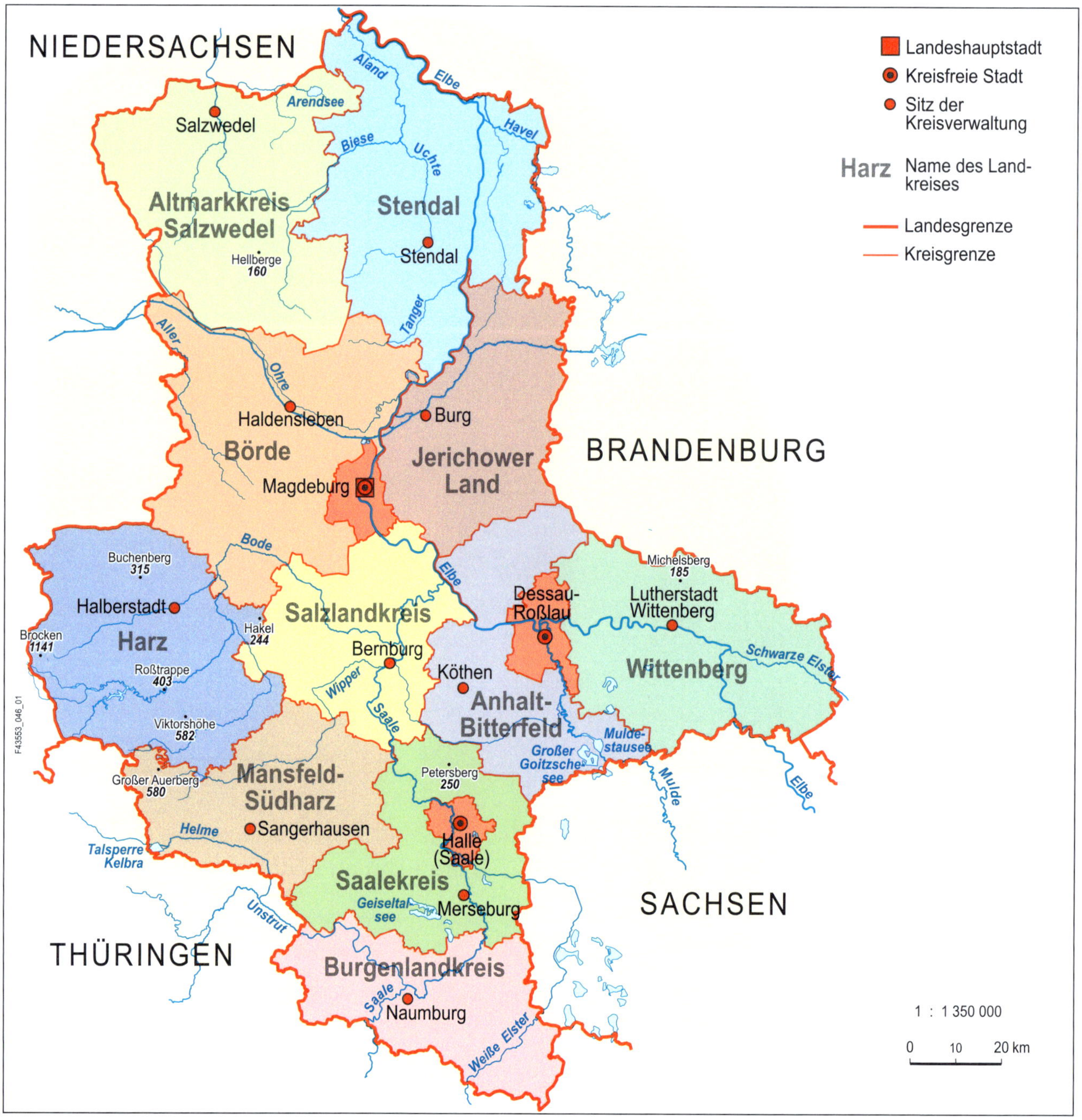
NIEDERSACHSEN
BRANDENBURG
SACHSEN
THÜRINGEN
Landeshauptstadt
Kreisfreie Stadt
Sitz der Kreisverwaltung
Harz Name des Landkreises
Landesgrenze
Kreisgrenze
Altmarkkreis Salzwedel
Salzwedel
Stendal
Börde
Haldensleben
Magdeburg
Burg
Jerichower Land
Harz
Halberstadt
Salzlandkreis
Bernburg
Dessau-Roßlau
Lutherstadt Wittenberg
Wittenberg
Köthen
Anhalt-Bitterfeld
Mansfeld-Südharz
Sangerhausen
Halle (Saale)
Saalekreis
Merseburg
Burgenlandkreis
Naumburg
Elbe
Aland
Havel
Arendsee
Biese
Uchte
Tanger
Aller
Ohre
Bode
Wipper
Saale
Unstrut
Helme
Talsperre Kelbra
Geiseltal-see
Mulde
Muldestausee
Großer Goitzsche-see
Schwarze Elster
Weiße Elster
Hellberge 160
Buchenberg 315
Brocken 1141
Hakel 244
Roßtrappe 403
Viktorshöhe 582
Großer Auerberg 580
Petersberg 250
Michelsberg 185
1 : 1 350 000
0 10 20 km
F43553_046_01

Wolmirstedt
Groß Ammensleben
Schermen
Möser
Hermsdorf
Barleben
Lostau
Irxleben
Gerwisch
Biederitz
Niederndodeleben
Möckern
Magdeburg
Wanzleben-Börde
Gommern
Leitzkau
Pretzien
Schönebeck
Siedlungsgebiet
Grenze der kreisfreien Stadt
0 2 4 km
F43553_046_02

Sachsen-Anhalt ist ein eigenständiges Bundesland. Es gehört zu den so genannten neuen Bundesländern, die es erst seit der Wiedervereinigung Deutschlands 1990 gibt.

Sachsen-Anhalt gliedert sich in elf Landkreise und die drei kreisfreien Städte Halle (Saale), Magdeburg (Landeshauptstadt) und Dessa-Roßlau.
Eine kreisfreie Stadt ist eine größere Stadt mit eigener Verwaltung, die keinem Landkreis zugeordnet ist.

● M1 Eine Ideensammlung anlegen, Seite 5

▸ Arbeitsheft: Seite 19

Sachsen-Anhalt in Stichworten (2022)

Landesfläche: . . . . 20 459 km^2

Einwohnerzahl: 2 187 000

Höchster Berg: . . . . Brocken (1141 m)

Größte Seen: . . . . Geiseltalsee, Großer Goitzschesee, Muldestausee,
Talsperre Kelbra, Arendsee

Wichtige Flüsse: . . . . Elbe, Saale, Bode, Mulde, Aller, Weiße Elster, Unstrut,
Schwarze Elster, Tanger, Ohre, Wipper

1 Finde deinen Landkreis oder deine kreisfreie Stadt auf der Landkarte. Notiere den Namen und die Lage in Sachsen-Anhalt mithilfe der Himmelsrichtungen.

2 Nenne Flüsse und Seen, die in deinem Landkreis/ in deiner kreisfreien Stadt liegen.

3 Nenne die Namen der angrenzenden Landkreise/kreisfreien Städte. Beschreibe ihre Lage zu deinem Landkreis/deiner kreisfreien Stadt.

Den Heimatkreis mit einer Mind-Map erkunden

Mit einer Mind-Map kannst du bildhaft alle deine Gedanken zu deinem Landkreis/deiner kreisfreien Stadt gut sortieren.

1 Nimm ein DIN-A4-Blatt und notiere in der Mitte den Namen.

2 Überlege dir, was du über deinen Landkreis/deine kreisfreie Stadt erfahren möchtest. Notiere diese Dinge auf Linien um den Namen.

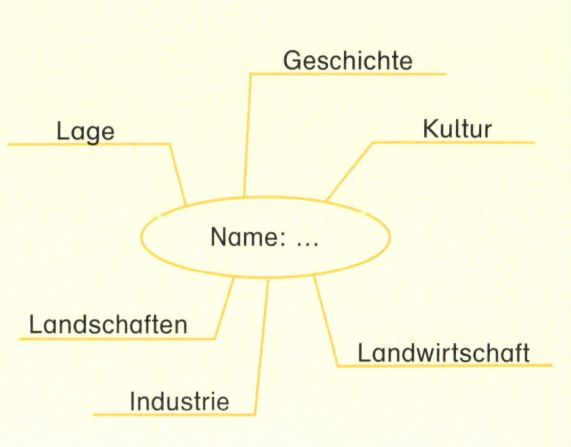

Das habe ich gelernt

In diesem Sachbuch darf nicht geschrieben oder gezeichnet werden!
Notiere daher in deinem Heft die Überschrift dieser Seite, die Nummer und den Buchstaben der Aufgabe und dahinter deine Antwort.

1 Zeichne die Windrose ab und beschrifte sie mit allen acht Himmelsrichtungen.

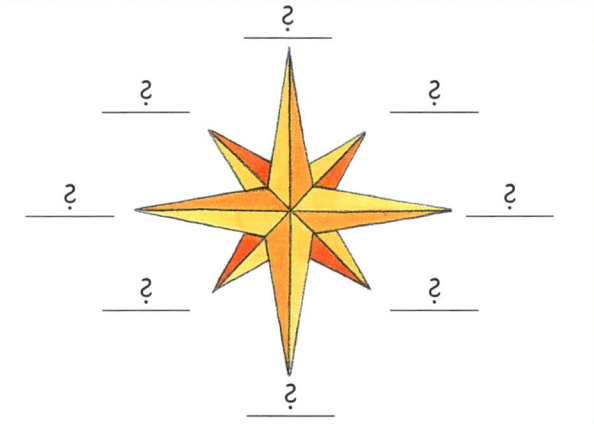

2 Mit zwei Sprüchen kann man sich alle Himmelsrichtungen gut merken. Vervollständige die Sprüche und schreibe sie in dein Heft.

Im Osten … ,
im … nimmt sie ihren Lauf,
im … wird sie untergeh'n,
im Norden … .

NICHT
OHNE
…
…

3 In jedem Kasten steht ein Begriff, der nicht zu den anderen passt. Notiere ihn.

A	**B**	**C**
– Rathaus	– Nordosten	– Stadtplan
– Heimatmuseum	– Südwesten	– Wörterbuch
– Bücherei	– Südosten	– Planquadrat
– Fernsehen	– Nordwesten	– Straßenverzeichnis
– Kirche	– Westosten	– Zeichenerklärung

4 Prüfe die Richtigkeit der Sätze. Notiere die richtigen Aussagen.

D – Senkrechtluftbilder werden von oben nach unten fotografiert.
– Schrägluftbilder werden schräg nach oben fotografiert.
– Karten zeigen einen Teil der Erdoberfläche in verkleinerter und vereinfachter Draufsicht.
– Im Senkrechtluftbild sind alle Dinge von oben zu sehen.
– Alle Kartenfarben und Zeichen werden im Wörterbuch erklärt.

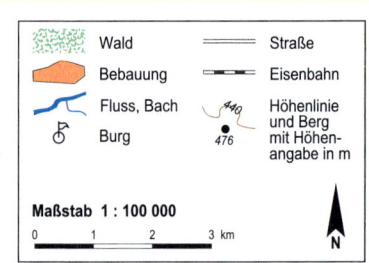

Verkehrsbezogener Bereich

Beim Kauf eines Fahrrades muss man darauf achten, dass es für den Straßenverkehr sicher ist. Informiere dich, welche Teile zu einem verkehrssicheren Fahrrad gehören.

Welche Handlungen musst du auf dem Fahrrad beherrschen, damit du sicher am Straßenverkehr teilnehmen kannst?

Erkunde, wie die Vorfahrt im Straßenverkehr geregelt sein kann.

● M 8 Ein Bild auswerten

Das verkehrssichere Fahrrad

Damit dein Fahrrad vorschriftsmäßig ausgerüstet ist, müssen 10 Teile vorhanden sein.
Sie dienen der Verkehrssicherheit.

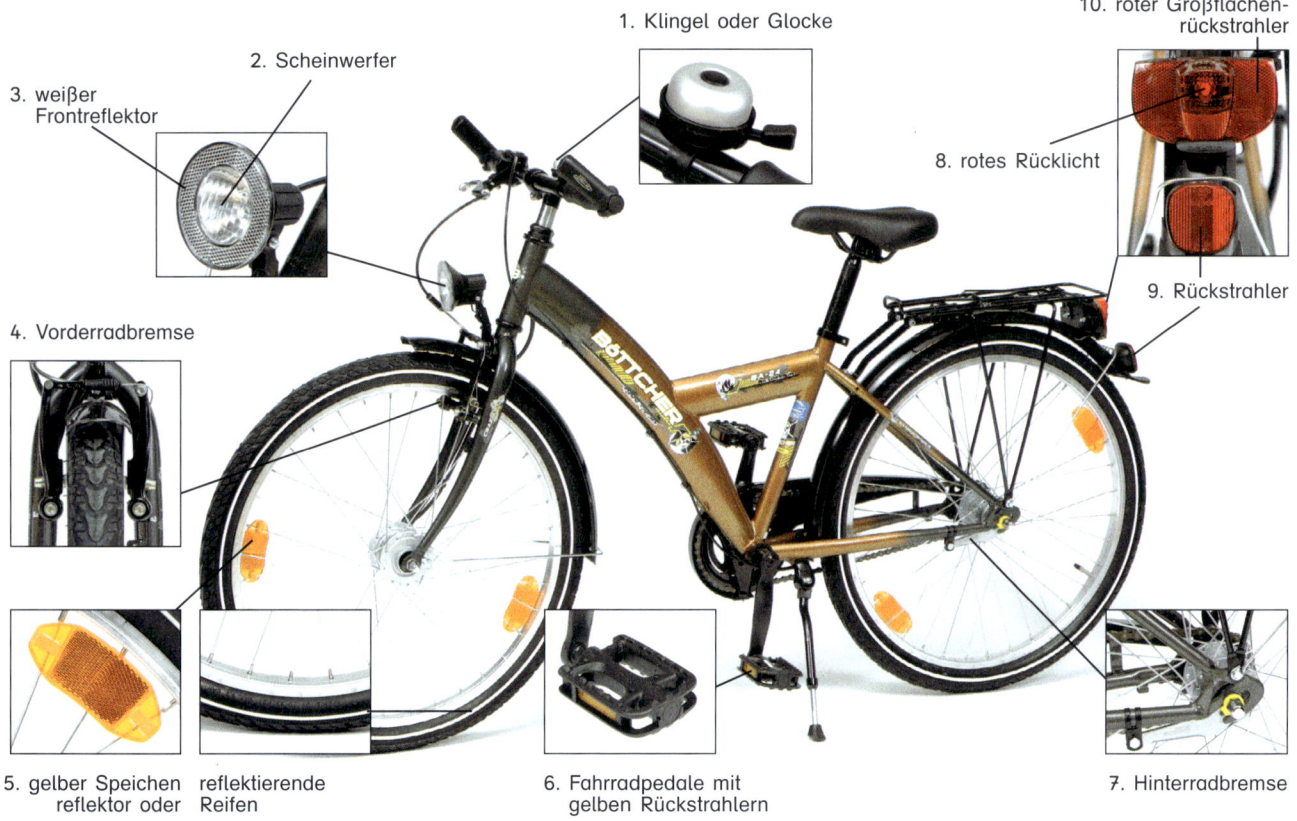

1. Klingel oder Glocke
2. Scheinwerfer
3. weißer Frontreflektor
4. Vorderradbremse
5. gelber Speichen reflektor oder reflektierende Reifen
6. Fahrradpedale mit gelben Rückstrahlern
7. Hinterradbremse
8. rotes Rücklicht
9. Rückstrahler
10. roter Großflächen-rückstrahler

Damit dein Fahrrad in einem guten Zustand ist und zuverlässig benutzt werden kann,
müssen weitere Dinge beachtet werden. Folgende Beispiele dienen der Betriebssicherheit:

Reinige dein Fahrrad regelmäßig.
Vor allem Scheinwerfer, Schlussleuchte
und alle rückstrahlenden Teile müssen
sauber sein.

Die Kette benötigt
Öl oder Fett. Sie darf
nicht durchhängen.

Prüfe vor jeder Fahrt,
ob alle Schrauben und
Schnellspanner fest sind.

Kontrolliere die Reifen.
Haben sie genügend Profil?
Sind sie ausreichend aufgepumpt?
Haben die Reifen keine Risse?

Achte darauf, dass
die Griffe am Lenker
festsitzen und nicht
beschädigt sind.

Überprüfe vor jeder Fahrt,
ob Bremsen, Scheinwerfer
und Schlussleuchte richtig
funktionieren.

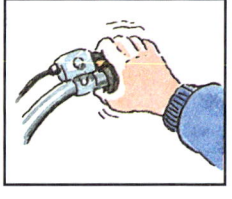

Wenn du einen Mangel an deinem Fahrrad feststellst, sollte dieser sofort beseitigt werden.
In manchen Fällen wirst du die Hilfe eines Erwachsenen benötigen.

■ Aus der Geschichte des Rades, Seite 128/129   ► Arbeitsheft: Seite 20
○ Lernsoftware: Nr. 61

Richtiges Anfahren – Abstand halten

Das Anfahren

① Schiebe das Fahrrad über den Gehweg, achte auf Fußgänger und
   Radfahrer.
② Stelle das Fahrrad in Fahrtrichtung
   an den Fahrbahnrand, drehe ein
   Pedal nach oben und steige auf.
③ Sieh dich über die linke Schulter
   nach hinten um.
④ Gib danach Handzeichen.
⑤ Ist die Fahrbahn frei, fahre mit beiden
   Händen am Lenker los und halte die
   Spur.

1 Nenne die Punkte, die du hier beim
   Anfahren zu beachten hast. Ergänze
   dabei Punkt ① .

Anna will an einem Auto vorbeifahren.
Plötzlich wird die Wagentür geöffnet.
Es passiert nichts, weil Anna genügend
Seitenabstand gehalten hat und auf-
merksam vorbeifährt.

Fin fährt hinter seinem Freund her. Er hält
einen Sicherheitsabstand von etwa drei
Fahrradlängen ein. Die beiden fahren auf
der rechten Seite der Fahrbahn. Sie achten
auf den Abstand zur Bordsteinkante (etwa
50 Zentimeter).

Zeichen im Verkehr

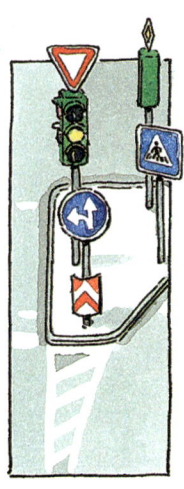

Im Straßenverkehr gibt es viele unterschiedliche Verkehrszeichen. Ampeln, Verkehrsschilder und Markierungen regeln den Verkehr.

1 Suche an der Kreuzung Beispiele für die drei Arten von Verkehrszeichen.

Fußgänger haben an Überwegen Vorrang. Der Radfahrer muss anhalten und die Fußgänger gehen lassen.

2 Beschreibe das Schild, das den Vorrang für Fußgänger anzeigt.

Die Ampel leuchtet gelb. Autofahrer und Radfahrerin bremsen und halten an. Am Auto sieht die Radfahrerin zwei unterschiedliche Lichtzeichen.

3 Was bedeuten diese Lichtzeichen?

Der Radfahrer auf der mittleren Spur hat sich falsch eingeordnet. Er wollte nach rechts abbiegen. Drei Markierungen auf der Fahrbahn und ein Verkehrsschild zeigen, dass er nun seinen Fahrstreifen nicht mehr verlassen darf. Nach der Kreuzung wird er eine Möglichkeit finden, sein Ziel zu erreichen.

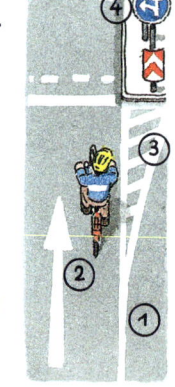

4 Woran erkennt der Radfahrer, dass er seine Spur nicht mehr verlassen darf?

■ Rechts vor links, Seite 53
■ Verkehrszeichen regeln die Vorfahrt, Seite 54

▶ Arbeitsheft: Seite 21
○ Lernsoftware: Nr. 62

Rechts vor links

Vanessa fährt mit dem Fahrrad zur Schule. Sie nähert sich einer Straßenkreuzung ohne Verkehrszeichen. Deshalb gilt hier die Vorfahrtsregel „rechts vor links".

Vanessa blickt nach rechts. Von dort kommt niemand. Sie darf fahren.

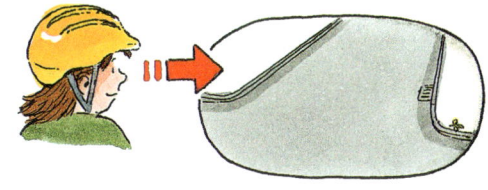

Vanessa blickt nach links. Von dort kommt ein Auto. Es wird geradeaus weiterfahren.

1 Überlege, woran Vanessa erkennen kann, dass der Autofahrer sie gesehen hat.

2 Was sieht der Autofahrer, wenn er nach rechts blickt?

Der Autofahrer schaut nach rechts und bemerkt dort Vanessa.
Er bremst sein Auto ab und gewährt Vanessa die Vorfahrt.
Sie fährt geradeaus weiter.
Nun kann der Autofahrer seine Fahrt fortsetzen.

Wer hat Vorfahrt?

3 Betrachte die beiden Verkehrsszenen A und B. Alle Fahrzeuge wollen geradeaus fahren. Gib jeweils die Reihenfolge an, in der die Fahrzeuge fahren dürfen.

■ Zeichen im Verkehr, Seite 52
■ Verkehrszeichen regeln die Vorfahrt, Seite 54

○ Lernsoftware: Nr. 63, 65, 66

Verkehrszeichen regeln die Vorfahrt

„Rechts vor links" gilt nicht, wenn Verkehrszeichen die Vorfahrt regeln.
Die Zeichen „Vorfahrtstraße"
oder „Vorfahrt an der
nächsten Kreuzung"
zeigen, dass du hier Vorfahrt hast.

Die Zeichen „Vorfahrt gewähren!"
oder „Halt! Vorfahrt gewähren!"
zeigen, dass dort die anderen
Verkehrsteilnehmer Vorfahrt
haben.

Diese Kombination zweier
Verkehrsschilder zeigt an,
dass du dich einem Kreis-
verkehr näherst. Du darfst
nur nach rechts einfahren und musst
den Fahrzeugen Vorfahrt gewähren,
die bereits im Kreisel fahren.

Wenn die Fahrbahn im Kreisel für dich
frei ist, fährst du ohne Handzeichen
nach rechts ein.
Vor dem Verlassen des Kreisels musst
du rechts Handzeichen geben.

1 Betrachte die fünf Bilder. Nenne für
jedes Bild den Verkehrsteilnehmer, der
Vorfahrt hat. Begründe deine Antwort.

■ Rechts vor links, Seite 53

▶ Arbeitsheft: Seite 22
○ Lernsoftware: Nr. 63, 65, 66

Gut sichtbar und geschützt

Um sich bei Stürzen nicht ernsthaft zu verletzen, schützen sich die Kinder durch eine geeignete Ausrüstung. Auch mit dieser Schutzausrüstung müssen sie vorsichtig und rücksichtsvoll fahren. Alle Kinder tragen helle Kleidung, damit sie gut zu sehen sind.
Die Kinder achten auf Gullideckel im Boden und fahren vorsichtig daran vorbei.

1 Beschreibe und vergleiche die Ausrüstungen und nenne die Unterschiede. Diese Begriffe helfen dir: Ellenbogenschoner, Schutzhelm, Knieschoner, Handgelenkschoner, Sicherheitsweste.

2 Erkläre, warum die Skater Ellenbogenschoner tragen.

Bei jedem Überqueren einer Straße musst du absteigen und dein Fahrzeug über die Straße schieben oder dein Skateboard tragen.
Nur Inlineskater fahren vorsichtig über die Straße.

Vorausschauendes Verhalten im Straßenverkehr

Eine Baustelle versperrt Jakob die Sicht. Er kann nicht sehen, was sich hinter der Baustelle befindet. Deshalb fährt er langsam und vorsichtig weiter, damit er rechtzeitig reagieren kann.

1 Vermute, was Jakob hinter der Baustelle sehen könnte.

Beim Fahren auf Straßen und Wegen achten die Kinder auf Hindernisse und Unebenheiten oder Verschmutzungen auf der Fahrbahn. Deshalb richten sie beim Fahren immer auch den Blick auf die Fahrbahn, um solche Gefahren zu erkennen.

2 Erkläre, wie du dich verhältst, wenn feuchte Blätter in einer Kurve auf der Fahrbahn liegen.

David fährt mit dem Skateboard auf dem Fußweg. Er ist aufmerksam und vorsichtig, weil andere ihn übersehen oder sich falsch verhalten könnten.

3 Vermute, was gleich passieren könnte und wie David sich verhalten sollte.

4 Überlege, wie du dich verhalten musst, wenn andere Verkehrsteilnehmer gerade mit ihrem Mobiltelefon beschäftigt sind oder über Kopfhörer Musik hören.

Vor- und Nachteile von Verkehrsmitteln

Manche Verkehrsmittel verschmutzen die Luft, andere sorgen für gesunde Bewegung.

1 Lege eine Tabelle an. Trage Verkehrsmittel und ihre Vor- und Nachteile ein.

2 Überlege, wie du dich entscheidest, wenn du das Verkehrsmittel aussuchen kannst.

Richtiges und falsches Verhalten im Straßenverkehr

Grundregeln im Verkehr

Die Teilnahme am Straßenverkehr erfordert ständige Vorsicht und gegenseitige Rücksichtnahme. Jeder Verkehrsteilnehmer hat sich so zu verhalten, dass kein anderer geschädigt, gefährdet, behindert oder belästigt wird. Für Inlineskater und Skateboardfahrer gelten die gleichen Verkehrsregeln, die auch für Fußgänger gelten.

1 Welche der gekennzeichneten Verkehrsteilnehmer verhalten sich richtig? Erkläre, warum sie sich richtig verhalten.

2 Welche Verkehrsteilnehmer verhalten sich falsch? Begründe deine Antwort.

● M 8 Ein Bild auswerten, Seite 9

■ Zeichen im Verkehr, Seite 52
■ Verkehrszeichen regeln die Vorfahrt, Seite 54

Das habe ich gelernt

In diesem Sachbuch darf nicht geschrieben oder gezeichnet werden!
Notiere daher in deinem Heft die Überschrift dieser Seite, die Nummer und den Buchstaben der Aufgabe und dahinter deine Antwort.

1 Schreibe die Teile in dein Heft, mit denen ein verkehrssicheres Fahrrad vorschriftsmäßig ausgerüstet sein muss.

A Fahrradpedale mit gelben Rückstrahlern, Gepäckträger, Klingel oder Glocke, Hinterradbremse, Scheinwerfer, Abstandhalter, gelber Speichenreflektor oder reflektierende Reifen, weißer Frontreflektor, roter Großflächenrückstrahler, Vorderradbremse, Fahrradständer, rotes Rücklicht, Rückstrahler

2 Die Wortgruppen beschreiben, was du beim Anfahren mit dem Fahrrad beachten musst. Schreibe sie in der richtigen Reihenfolge auf.

B – über die linke Schulter nach hinten umsehen
– mit beiden Händen am Lenker los fahren und die Spur halten
– das Fahrrad über den Gehweg schieben
– Handzeichen geben
– das Fahrrad in Fahrtrichtung an den Fahrbahnrand stellen,
  Pedal nach oben drehen und aufsteigen

3 Ordne den Verkehrszeichen die richtige Bezeichnung zu. Jeder Nummer wird ein Buchstabe zugeordnet. Die Buchstaben ergeben ein Lösungswort.

C 1. Vorfahrtstraße
2. Gefahrenstelle
3. Halt! Vorfahrt gewähren!
4. Vorfahrt gewähren!
5. Verbot für Radfahrer

4 Gib an, in welcher Reihenfolge die Fahrzeuge fahren dürfen.

D

E

Naturwissenschaftlicher Bereich

Die Wiese ist ein wichtiger Lebensraum für viele Pflanzen und Tiere. Erzähle, welche Wiesenpflanzen du kennst und welche Wiesenbewohner du schon beobachtet hast.

Getreide ist weltweit ein wichtiges Grundnahrungsmittel. Informiere dich, welche Getreidearten angebaut werden.

Wasser fällt als Niederschlag, sammelt sich in Gewässern, verdunstet und versickert. Erkläre, warum dabei kein Wasser verloren geht.

- M4 Einen Text im Schulbuch auswerten
- M5 Pflanzen bestimmen
- M6 Einen Lernort erkunden
- M8 Ein Bild auswerten
- M 9 Eine Skizze anlegen
- M11 Einen Versuch planen und durchführen
- M13 Mit einer Zeitleiste arbeiten

Das Schwein

Eber

Sau mit Ferkeln

Zwei- bis drei Mal im Jahr bringt eine Sau bis zu 14 Ferkel zur Welt. Diese Ferkel werden von der Sau mehrmals am Tag gesäugt.

Nach etwa drei Wochen ist die Säugezeit vorbei. Nun kommen die Ferkel in den Aufzuchtstall und später in den Maststall.

Nach etwa sechs Monaten sind sie groß und schwer und können im Schlachthof geschlachtet werden.

Hausschweine werden hauptsächlich in Ställen gehalten. Das weibliche Tier wird Sau, das männliche Eber genannt. Ferkel ist der Name des Jungtieres.

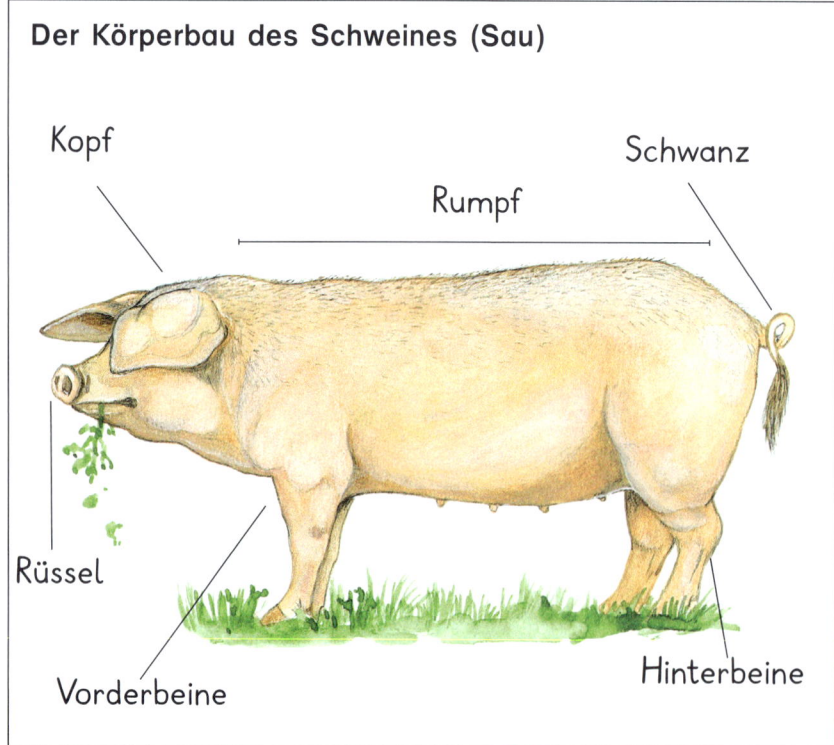

Der Körperbau des Schweines (Sau)

Kopf

Schwanz

Rumpf

Rüssel

Vorderbeine

Hinterbeine

Fütterung

1 Beschreibe den Körperbau eines Schweins. Benutze dazu die Fachbegriffe.

● M 8 Ein Bild auswerten, Seite 9

■ Das Rind, Seite 62/63
■ Das Huhn, Seite 64/65

Ferkel

Schweine im Maststall

Schweine sind Allesfresser. Sie werden mit Getreide, Kartoffeln und Futterrüben gefüttert.

Oft bekommen sie spezielles Kraftfutter mit vielen Nährstoffen.

Der Mensch nutzt vom Schwein das Fleisch, das Fett, die Haut und die Borsten.

Viele Menschen essen vom Schwein gern Fleisch und Wurst, zum Beispiel Schnitzel, Braten, geräucherte Wurst, Speck oder Schinken.

Fleisch Wurst Speck Haut SCHMALZ Knochen Borsten Darm LEIM

2 Betrachte die Abbildung.
Erkläre, wie das Schwein vom Menschen genutzt wird.

▶ Arbeitsheft: Seite 23, 26

Das Rind

Bulle

Kuh und Kalb

Auf Weiden kann man häufig Rinder sehen. Das weibliche Tier wird Kuh genannt, das männliche Tier Bulle.
Kalb ist der Name des Jungtieres.

Rinder sind Pflanzenfresser. Auf der Weide fressen sie Klee, Gras und Kräuter. Mit ihrer langen, rauen Zunge umschlingen die Rinder die Pflanzen, rupfen sie ab, kauen sie und schlucken sie hinunter.

Wenn die Rinder genug gefressen haben, legen sie sich hin und käuen wieder. Dabei würgen sie die einmal gekaute Nahrung ins Maul zurück und kauen sie erneut durch.

Rinder müssen regelmäßig trinken. Deshalb stehen auf den Weiden große Wannen mit Wasser oder automatische Viehtränken bereit.
Rinder, die auf der Weide gehalten werden, haben genug Auslauf.
Bei starkem Sonnenschein brauchen die Tiere einen Schattenplatz.
Diese Form der Tierhaltung nennt man Freilandhaltung.

1 Vergleiche den Körperbau von Kuh, Bulle und Kalb.

2 Beobachte Rinder auf der Weide. Beschreibe ihr Verhalten.

Der Körperbau der Kuh

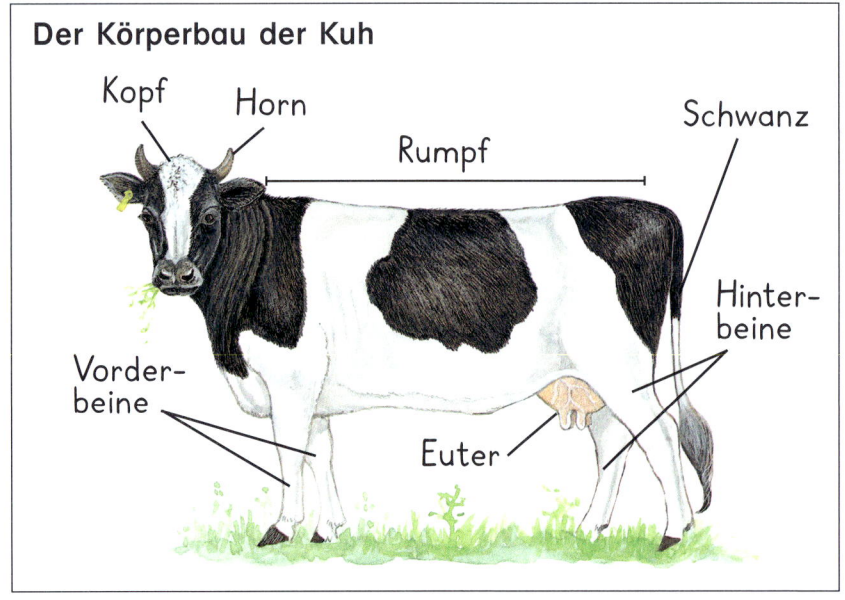

Kopf Horn Rumpf Schwanz Hinterbeine Vorderbeine Euter

Wiederkäuen

● M 8 Ein Bild auswerten, Seite 9

■ Das Schwein, Seite 60/61
■ Das Huhn, Seite 64/65

Ein Kalb wird gesäugt

Fütterung im Stall

Die Kuh produziert die Milch für ihr Jungtier. Das Euter hat vier Zitzen.

Wenn das Kälbchen daran saugt, kommt die Milch heraus. Das Rind ist ein Säugetier. Nach einigen Wochen fressen die Kälber auch Gras, Heu und Kraftfutter.

Durch das Melken gibt die Kuh weiter Milch. Die Bauern haben eine Melkanlage und melken ihre Kühe zweimal am Tag. Die Milch wird in die Molkerei geliefert und dort verarbeitet.

Der Mensch nutzt vom Rind die Milch, das Fleisch und das Fell (Haut und Haare).

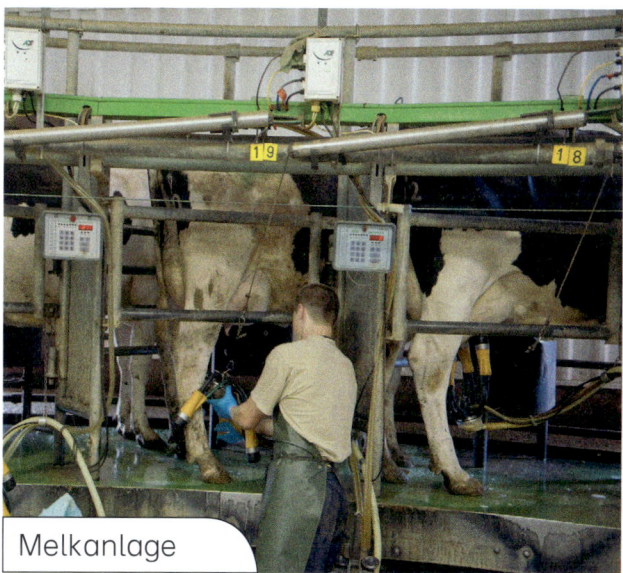

Melkanlage

Was liefern uns unsere Rinder?

Milch und Milchprodukte

Fleischprodukte

andere Produkte vom Rind

3 Betrachte die Abbildung. Beschreibe, wie Rinder vom Menschen genutzt werden.

► Arbeitsheft: Seite 24, 26

Das Huhn

Henne und Hahn

Hühner im Stall

Henne mit Eiern

Heute werden Hühner im Freiland oder in einem großen Stall gehalten.
Das weibliche Tier wird Henne genannt, das männliche Tier Hahn. Küken ist der Name des Jungtieres. Die Henne legt ungefähr 200 Eier im Jahr.
Der Unterschied zwischen dem Hahn und der Henne ist deutlich zu erkennen. Der Hahn ist größer.

1 Vergleiche das Aussehen von Henne und Hahn. Notiere Gemeinsamkeiten und Unterschiede.

Wenn eine Henne befruchtete Eier ausbrütet oder Küken hat, wird sie Glucke genannt. Nach etwa 21 Tagen schlüpfen die kleinen Küken aus. Sie trippeln piepsend hinter der Glucke her.

Hühner suchen gemeinsam nach Futter. Sie scharren nach Würmern und Insekten, fressen junges Gras oder werden mit Getreidekörnern gefüttert.

Henne mit Küken

● M 8 Ein Bild auswerten, Seite 9

■ Das Schwein, Seite 60/61
■ Das Rind, Seite 62/63

Der Körperbau des Huhns

Kamm — Kopf
Schnabel
Schwanzfedern
Rumpf
Beine
Krallen
Flügel

Federn

Eier
(etwa 200
im Jahr)

Fleisch

2 Beschreibe den Körperbau des Huhnes. Benutze die Fachbegriffe.

3 Beschreibe, wie das Huhn vom Menschen genutzt wird.

	Schwein	Rind	Huhn
Tiergruppe	Säugetier	Säugetier	Vögel
männliches Tier weibliches Tier Jungtier	Eber Sau Ferkel	Stier/Bulle Kuh Kalb	Hahn Henne Küken
Futter	Kraftfutter, Kartoffeln, Futterrüben, Getreidemehl	Kraftfutter, Klee, Gras, Heu, Kräuter, Mais, Rüben	Getreidekörner, Würmer, Insekten, junges Gras
Produkte	Fleisch, Schinken, Wursl, Speck	Milch, Fleisch, Wurst	Eier, Fleisch, Wurst, Federn

4 Vergleicht die Produkte der Tiere. Nennt Unterschiede.

5 Informiert euch, warum Schweine und Rinder Säugetiere genannt werden.

▸ Arbeitsheft: Seite 25, 26

Die Wiese

Sommerwiese

Mähen einer Wiese

Heuernte

Blumenwiese am Straßenrand

Vor vielen tausend Jahren gab es in Europa noch keine Wiesen. Die Landschaft war fast ganz von Wäldern bedeckt. Erst als die Menschen Teile der Wälder abholzten, um den Boden für sich zu nutzen, entstanden allmählich Wiesen.

Wiesenpflanzen enthalten viele Nährstoffe. Ein- oder zweimal im Jahr werden sie abgemäht und frisch oder getrocknet als Heu an das Vieh verfüttert. Das Mähen schadet den Pflanzen nicht. Sie wachsen wieder nach.

In Städten werden häufig auf Grünstreifen und an Straßenrändern Wildblumen ausgesät. Diese künstlich geschaffenen Blumenwiesen sehen schön aus und bieten Insekten Nahrung und Lebensraum.

● M 5 Pflanzen bestimmen, Seite 7
● M 9 Eine Skizze anlegen, Seite 9

■ Tiere und Pflanzen der Wiese, Seite 68/69
■ Wir legen ein Herbarium an, Seite 70/71

Entdecke die Wiese

Auf einer Wiese kannst du viel entdecken. Nimm einen Block und Stifte für Zeichnungen und für Notizen mit.

1 Kennzeichne ein Stück Wiese mit einer Schnur. Notiere, was du entdeckst. Skizziere eine Pflanze möglichst genau.

Eine Wiese im Kübel

1 Vermische drei Teile Blumenerde und einen Teil Sand und fülle die Mischung in den Maurerkübel.

2 Säe eine Wiesenmischung aus.

3 Befeuchte vorsichtig die Erde.

4 Stelle den Kübel an einen sonnigen Platz auf dem Schulhof. Beobachte regelmäßig.

■ Mit einer Suchmaschine arbeiten, S. 134
■ Sich im Internet informieren, S. 135

► Arbeitsheft: Seite 27, 28
○ Lernsoftware: Nr. 21–23

Tiere und Pflanzen der Wiese

Insekten:

Dukatenfalter

Blutwidderchen

Hummel

Honigbiene

Wespe

Heuschrecke

Bockkäfer

Spinnen:

Zebraspinne

Weichtiere:

Bänderschnecke

Säugetiere:

Feldmaus

Die Wiese bietet Lebensraum für viele Tiere. Sie leben in verschiedenen Bereichen der Wiese.

Insekten sehen sehr unterschiedlich aus. Alle haben sie aber einen dreigliedrigen Körper mit Kopf, Brust, Hinterleib und sechs Beinen. Die meisten Insekten ernähren sich vom Nektar der Wiesenblumen.

Insekten finden in der Wiese Nahrung, sind aber auch Nahrung für andere Tiere. So bauen Spinnen auf Wiesen ihre Netze, um darin Insekten zu fangen. Diese Netze sieht man besonders gut im Spätsommer, wenn Tautropfen an den Fäden hängen. Spinnen erkennt man an ihren acht Beinen. Schnecken ernähren sich von Pflanzenteilen. Das feuchte Gras der Wiese schützt sie vor dem Austrocknen.

Die Feldmaus ernährt sich von Gräsern, Kräutern und Samen, auf Feldern auch von Getreide. Die Feldmaus ist ein Säugetier. Sie hat ein Fell und vier Beine.

1 Suche die Tiere im Bild auf Seite 66 und 67.

- **M 5 Pflanzen bestimmen, Seite 7**
- **M 8 Ein Bild auswerten, Seite 9**
- Die Wiese, Seite 66/67
- Vom Ei zum Schmetterling, Seite 72/73
- Schnecken, Seite 76/77
- Wir beobachten Schnecken, Seite 78/79

Glockenblume

Hahnenfuß

Kamille

Schafgarbe

Wiesensalbei

Wiesenklee

Wiesen-fuchsschwanz

Knäulgras

Auf einer Wiese wachsen Blumen und Gräser. Viele Blumen kann man gut an der Farbe und der Form ihrer Blüten erkennen. Gräser haben keine auffälligen Blüten. Sie sind nur schwer zu unterscheiden.
Die Blumen sind eine wichtige Nahrungsquelle für viele Tiere.
Dies wird besonders am Beispiel der Wilden Möhre deutlich. Der Nektar, das ist der süße Blütensaft, wird zum Beispiel von Schwebfliegen (1) aufgesaugt. Raupen (2), Schnecken (3) und Heuschrecken (4) fressen die Blätter. Der Pflanzensaft in den Stängeln ist die Nahrung von Blattläusen (5). Marienkäfer (6) und ihre Larven fressen die Blattläuse. Ameisen (7) dagegen mögen den süßen Saft, den Blattläuse ausscheiden, besonders gern.
Die Wilde Möhre erkennt man meistens an der winzigen dunklen Blüte in der Mitte des weißen Blütenstandes.

2 Finde die Wiesenblumen auf Seite 66 und 67. Versuche mithilfe von Bestimmungsbüchern die Namen weiterer Wiesenpflanzen zu bestimmen.

▶ Arbeitsheft: Seite 27–30   ○ Lernsoftware: Nr. 21–23

Wir legen ein Herbarium an

Ein Herbarium ist eine Sammlung getrockneter und gepresster Pflanzen. Es dient dazu, Pflanzen zu bestimmen und besser kennenzulernen.

1 Gehe auf eine Wiese und finde heraus, welche Pflanzen dort wachsen. Nutze dazu dein Schulbuch oder ein Bestimmungsbuch. Beachte, dass einige Pflanzen geschützt sind.

Tipp: Schneide die Pflanze vorsichtig ab oder grabe sie mit der Wurzel aus. Notiere Fundort, Datum und Besonderheiten.

2 Klopfe vorsichtig die Erde von den Wurzeln ab. Dicke Wurzeln solltest du längs zerschneiden.

Tipp: Nutze eine Zeitung als Unterlage.

3 Lege die Pflanzen einzeln zwischen zwei Lagen Zeitungs- oder Löschpapier.
Stapele dann mehrere schwere Bücher auf die Papierlagen.

Tipp: Achte darauf, dass keine Pflanzenteile geknickt werden.

Presse die Pflanzen mindestens eine Woche lang.

Tipp: Du kannst auch eine Pflanzenpresse benutzen.

● M 5 Pflanzen bestimmen, Seite 7
● M 6 Einen Lernort erkunden, Seite 8
▪ Die Wiese, Seite 66/67
▪ Tiere und Pflanzen der Wiese, Seite 68/69

Beschriften

4 Erstelle für jede Pflanze ein Herbariumsblatt. Nutze deine Notizen. Nimm ein weißes DIN-A4-Blatt. Schreibe in die untere rechte Ecke:
– Pflanzenname
– Name des Finders
– Fundort
– Bemerkungen

Tipp: Schreibe in einer gut lesbaren Schrift.

5 Nimm nach einer Woche die gepressten Pflanzen aus dem Papier. Prüfe, ob sie trocken und glatt sind. Befestige sie mit durchsichtigem Klebeband auf dem vorbereiteten Herbariumsblatt.

Tipp: Bereite dafür dünne Klebebandstreifen vor.

6 Präsentiere dein Herbarium in der Klasse.

Befestigen

Pflanzenname:
Name des Finders:
Fundort:
Bemerkung:

Übrigens

Wiese als Wandfries

Klebt die gepressten Wiesenpflanzen mit Leimstift oder Tapetenkleber auf. Schneidet aus Tonpapier Streifen, die eingeschnitten und über Stift aufgerollt das Gras darstellen.
Bilder von Schmetterlingen werden nach dem Ausschneiden an den Flügeln angeknickt. So wirkt eure Wiese lebendig.

► Arbeitsheft: Seite 29

Vom Ei zum Schmetterling

Im Frühsommer auf der Unterseite von Brennnesselblättern ...

1 Das sind die Eier des Tagpfauenauges. Aus den Eiern schlüpfen ...

2 ... die Raupen. Sie fressen von den Brennnesseln und wachsen. Dabei ...

3 ... häuten sie sich mehrmals und wechseln ihre Farbe.

4 Nach fünf Wochen verpuppt sich die Raupe. In der Puppe verwandelt sich die Raupe.

5 Zwei Wochen später ist die Verwandlung beendet. Die Puppenhülle ...

6 ... reißt auf und der Schmetterling schiebt sich ...

7 ... ganz langsam aus der Hülle heraus.

8 Schmetterlinge ernähren sich von Blütennektar.

1 Erkläre die Entwicklung vom Ei bis zum Schmetterling.

2 Beschreibe das Aussehen des Tagpfauenauges.

■ Tiere und Pflanzen der Wiese, Seite 68/69 ▶ Arbeitsheft: Seite 31, 32

Das sind einige Schmetterlingsarten, die bei uns vorkommen:

Admiral, auf Blüten, besonders in Gärten und an Waldrändern.

Kleiner Fuchs, auf Blüten in Gärten, überwintert als Schmetterling.

Distelfalter, auf Blüten, besonders Disteln und Sommerflieder.

Zitronenfalter, einer der ersten Schmetterlinge im Jahr, überwintert als Schmetterling.

3 Betrachte die Schmetterlinge und lies die Texte. Nenne Besonderheiten.

Übrigens

Alle einheimischen Schmetterlinge ernähren sich von Blütennektar. Der Sommerflieder hat besonders nektarreiche Blüten und ist eine bevorzugte Nahrungsquelle für viele Schmetterlinge. Er wird deshalb auch Schmetterlingsflieder genannt. Sommerflieder und andere nektarreiche Blütenpflanzen in eurem Garten liefern Nahrung für viele Falter.

o Lernsoftware: Nr. 24

Wohnraum für Tiere

Hummelnest

Moos

1.

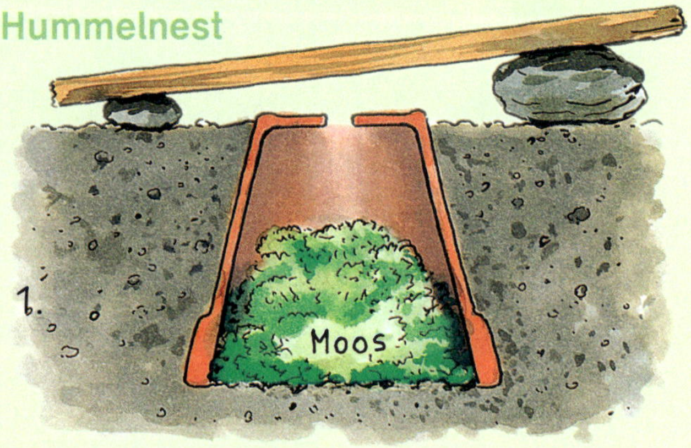

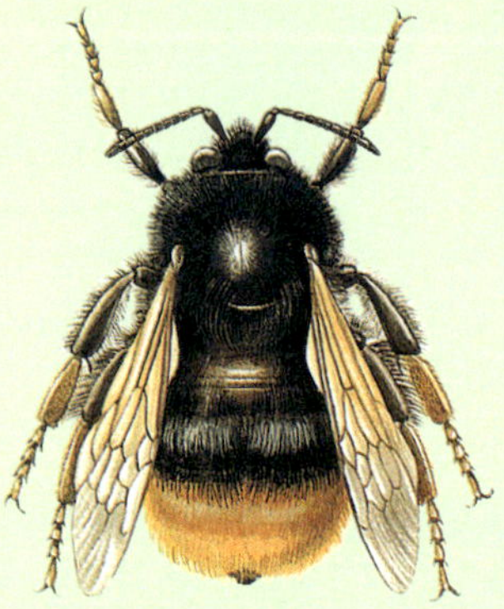

Steinhummel (vergrößert)

Du brauchst: einen Blumentopf, Sägespäne, die nach Mäusen riechen (aus der Tierhandlung) oder Moos, ein kleines Brett als Regenschutz, Steine

Ohrenkneifertopf

Du brauchst: einen Blumentopf, Holzwolle, einen Stock und Bindfaden

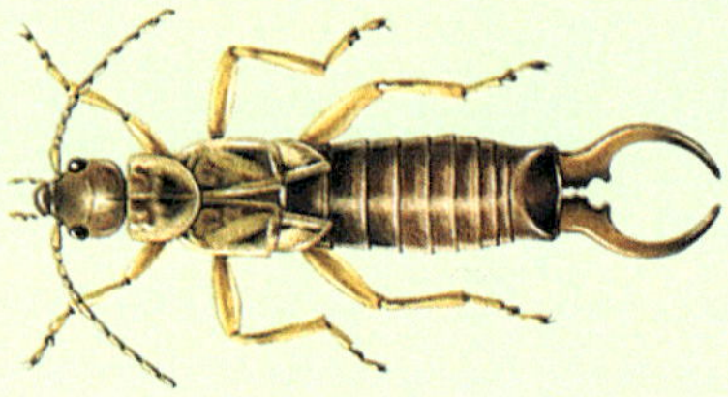

Ohrenkneifer (vergrößert)

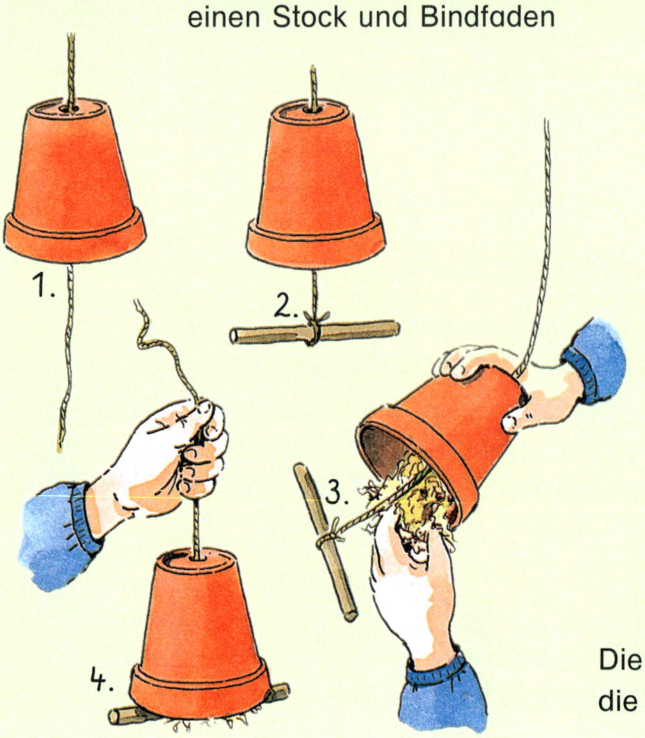

1.

2.

3.

4.

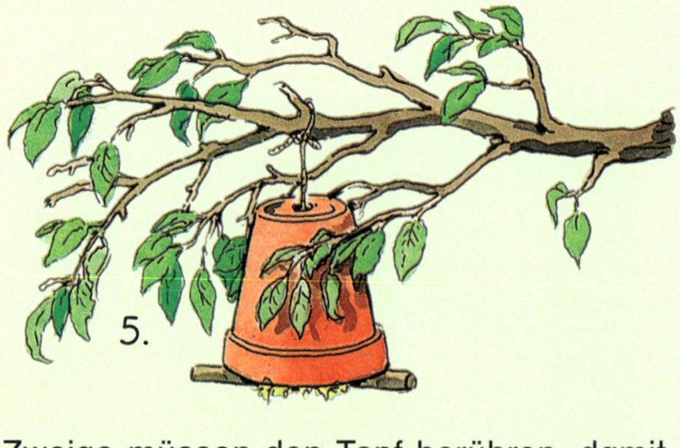

5.

Die Zweige müssen den Topf berühren, damit die Ohrenkneifer hineinkrabbeln können.

■ Tiere und Pflanzen der Wiese, Seite 68/69

Ein Haus für Mauerbienen

1. Löcher bohren, eindrücken

2. Auf den großen Stein setzen

3. Das Brett als Dach aufsetzen und mit dem Ziegelstein beschweren

Du brauchst: einen Klumpen Ton (etwa Ziegelsteingröße), Hölzchen, Bleistifte, Nägel, ein kleines Brett, einen großen flachen Stein oder einen Ziegelstein

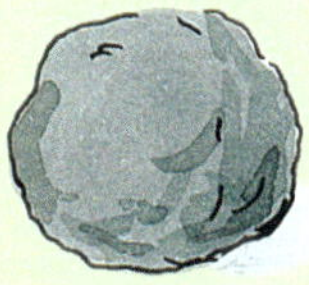

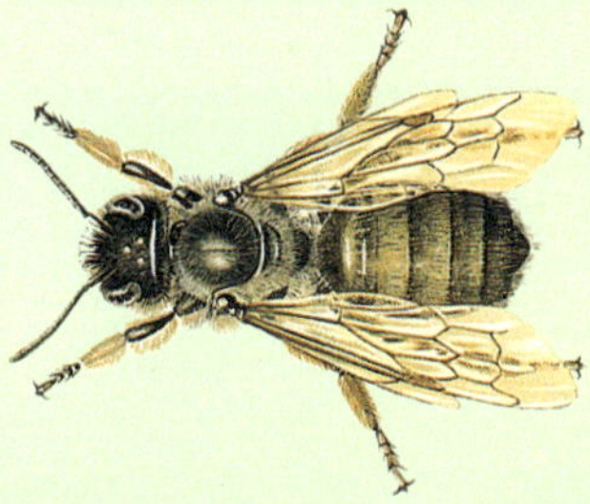

Mauerbiene (vergrößert)

Wohnröhren für Bienen

Du brauchst: Holunderzweige, Strohhalme oder Schilf, Bindfaden

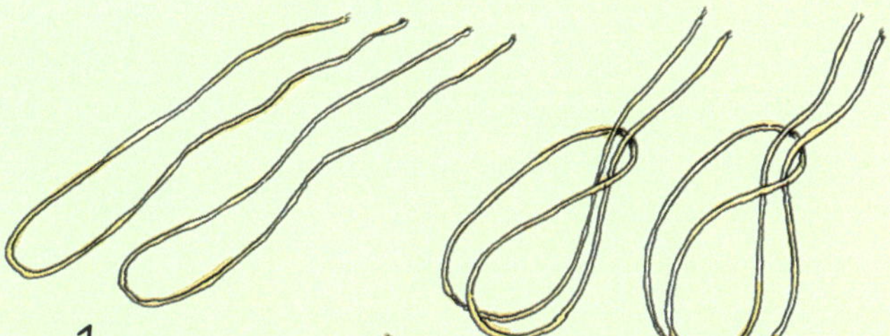

1.

2.

3.

4.

Blattschneider-
biene
(vergrößert)

Schnecken

Weinbergschnecken leben in Weinbergen, in Laubwäldern und auf Wiesen. Weinberg-schnecken sind Weichtiere. Sie haben keine Knochen. Ihre Körper schützen sie durch Gehäuse. Weinbergschnecken benötigen eine feuchte und warme Umgebung. Haupt-sächlich nachts und an feuchten Tagen kommen sie aus ihrem Versteck und suchen nach Nahrung. Weinbergschnecken fressen Pflanzen und kalkhaltige Erde. Der Kalk ist wichtig für den Gehäuseaufbau.

Im Juli oder August gräbt die Weinberg-schnecke mit ihrem Fuß ein Loch in die Erde. Das ist für sie sehr anstrengend. Sie braucht dazu fast einen ganzen Tag. In dieses Loch legt sie 60 bis 70 durch-sichtige Eier. Anschließend bedeckt sie das Loch wieder mit Erde.

Nach ungefähr 28 Tagen schlüpfen aus den Eiern die jungen Weinbergschnecken. Sie sind noch sehr klein und haben durchsich-tige Gehäuse. Nun braucht die kleine Schnecke drei Jahre, bis sie ausgewachsen ist.

Im Winter wühlt sich die Weinbergschnecke in lockere, mit Laub und Moos bedeckte Erde ein. Sie zieht sich dann in ihr Haus zurück und verschließt es mit einem festen Kalkdeckel. Der Deckel schützt die Wein-bergschnecke vor dem Austrocknen. So ver-bringt sie drei bis vier Monate. Im Frühling stößt sie den Deckel mit ihrem Fuß wieder ab.

● M 4 Einen Text im Schulbuch auswerten, Seite 7

■ Tiere und Pflanzen der Wiese, Seite 68/69
■ Wir beobachten Schnecken, Seite 78/79

Dies sind Landschnecken, die bei uns recht häufig vorkommen:

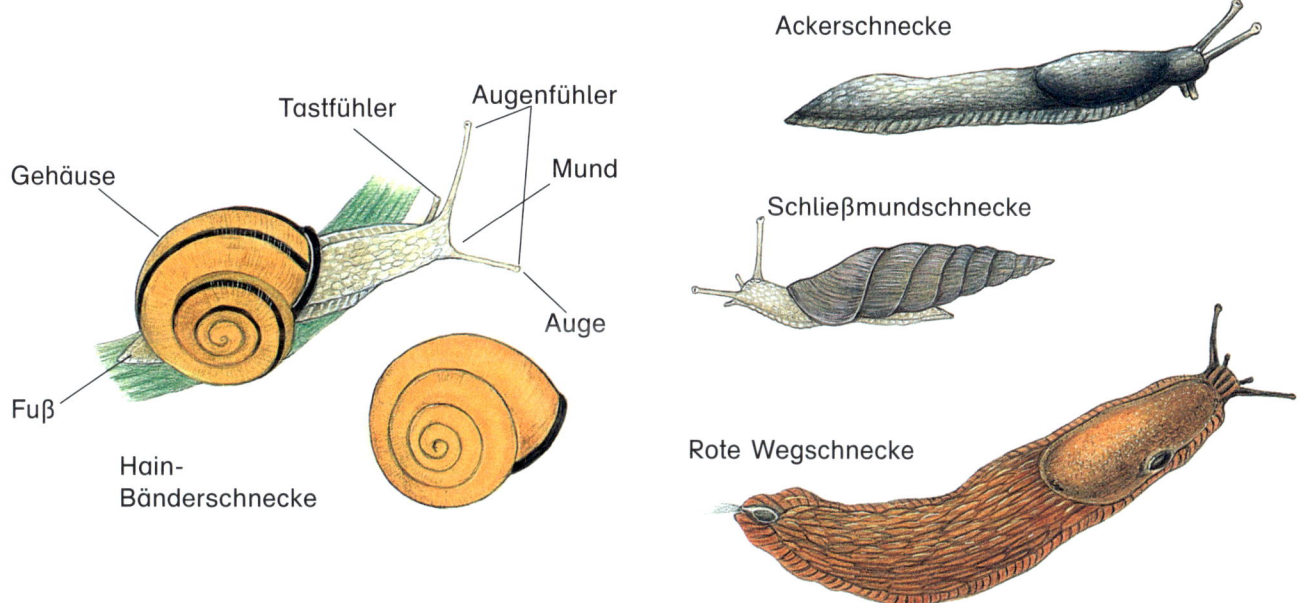

1 Beschreibe, wie eine Schnecke aussieht. Vergleiche die abgebildeten Schnecken miteinander.

2 Schau an regnerischen Tagen auf Wiesen, an Wegrändern und im Garten nach. Welche Schnecken entdeckst du?

Wir halten Schnecken

Landschnecken kannst du in einem Terrarium beobachten.

Du brauchst dazu:

einen größeren Glasbehälter

Gras

Außerdem brauchst du noch: Sprühflasche, Futter und natürlich Schnecken.
Das musst du beachten:

1 Befeuchte das Gras gut mit der Sprühflasche.

2 Setze nur wenige Schnecken in das Terrarium.

3 Stelle das Terrarium in den Schatten.

4 Halte es immer gut feucht.

5 Füttere und beobachte die Schnecken regelmäßig.

6 Bringe sie nach ein bis zwei Wochen an die Fundstelle zurück.

▶ Arbeitsheft: Seite 33

Wir beobachten Schnecken

Ihr braucht für diese Schneckenbeobachtungen verschiedene Schnecken. Bringt die Schnecken danach wieder an den Fundort zurück.

A Schneckenhäuser sammeln und vergleichen

1 Sammelt und vergleicht Schneckengehäuse verschiedener Schnecken.
2 Ihr könnt das Alter der Schnecke an den „Jahresringen" abschätzen, denn das Gehäuse wächst mit der Schnecke.
3 Findet ihr einen „Schneckenkönig"? Das sind Gehäuse, die nicht wie üblich rechtsgedreht, sondern linksgewunden sind.

C Was frisst eine Schnecke?

1 Bietet einer Schnecke verschiedene Nahrungsmittel an.
2 Beobachtet, wohin sie sich bewegt und was sie am liebsten frisst.

E Wie sieht und fühlt eine Schnecke?

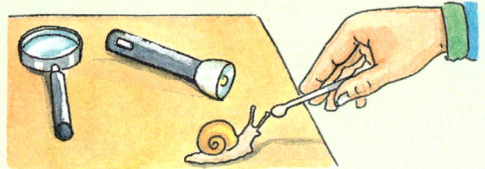

1 Betrachtet eine Schnecke mit einer Lupe. Was erkennt ihr an den Fühlern?
2 Berührt die Fühler mit einem Wattestäbchen. Was passiert?
3 Wie reagiert die Schnecke auf Taschenlampenlicht?

B Wie kriecht eine Schnecke?

1 Schnecken sondern zum Kriechen einen Schleim aus einer Drüse ab.
2 Setzt eine Schnecke auf eine Glasplatte. Schaut von unten, wie sie kriecht. Könnt ihr den Schleim erkennen?
3 Was beobachtet ihr, wenn ihr die Glasplatte senkrecht haltet?

D Wie frisst eine Schnecke?

1 Stellt einen Mehlwasserbrei her, indem ihr einen Teelöffel Mehl mit wenig Wasser verrührt.
2 Streicht den Brei auf eine Glasplatte.
3 Setzt die Schnecke dazu.
4 Beobachtet von unten, wie die Schnecke frisst.

F Wie hört eine Schnecke?

1 Schlagt in der Nähe einer Schnecke einen Triangel oder Klangbaustein an.
2 Beobachtet, wie die Schnecke reagiert.

■ Schnecken, Seite 76/77

G Wie balanciert eine Schnecke?

1 Stellt zwei Bausteine hochkant auf den Tisch.
2 Legt darauf einen Strohhalm.
3 Setzt die Schnecke auf den Strohhalm und beobachtet, was geschieht.

I Wie überwindet eine Schnecke Hindernisse?

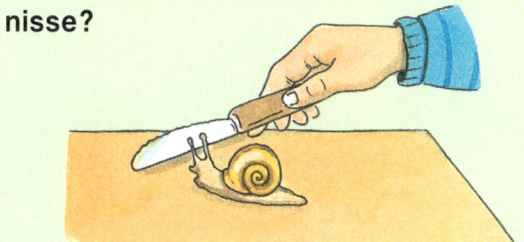

1 Lasst eine Schnecke über die Klinge eines Messers kriechen.
2 Was könnt ihr beobachten?
3 Versucht eure Beobachtung zu erklären.

Präsentation zum Thema Schnecke

Erstellt in Gruppen eine Präsentation zum Thema „Schnecke". Nutzt dazu Steckbrief, Ausstellungstisch, Kurzvortrag oder einen eigenen Schneckenversuch.

H Wie schnell kann eine Schnecke kriechen?

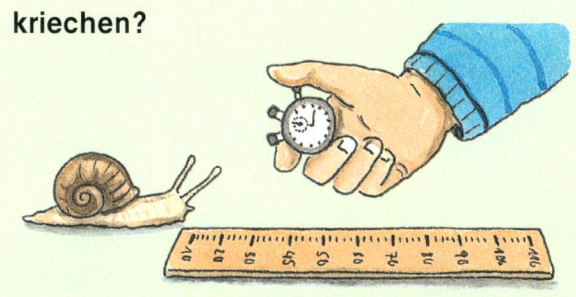

1 Legt eine Strecke fest, die eine Schnecke zurücklegen soll. Beobachtet, wie schnell sich die Schnecke fortbewegt. Stoppt dazu die Zeit.
2 Lasst eine andere Schnecke den gleichen Weg zurücklegen. Vergleicht die Zeit.

J Wie fühlt sich eine Schnecke an?

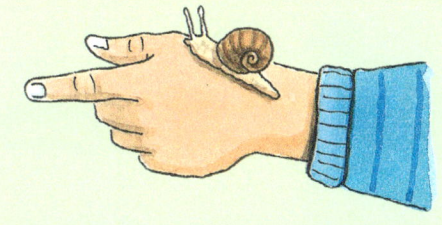

1 Setzt euch eine Schnecke auf die Hand. Wie fühlt sie sich an?
2 Dreht eure Hand vorsichtig hin und her. Was passiert?

Ein Schneckenquiz anfertigen

Testet euer Schneckenwissen mit einem selbst erstellten Schneckenquiz. Schreibt dazu viele Fragen zum Thema auf Kärtchen und lasst diese von euren Mitschülern beantworten.

Leben im Boden

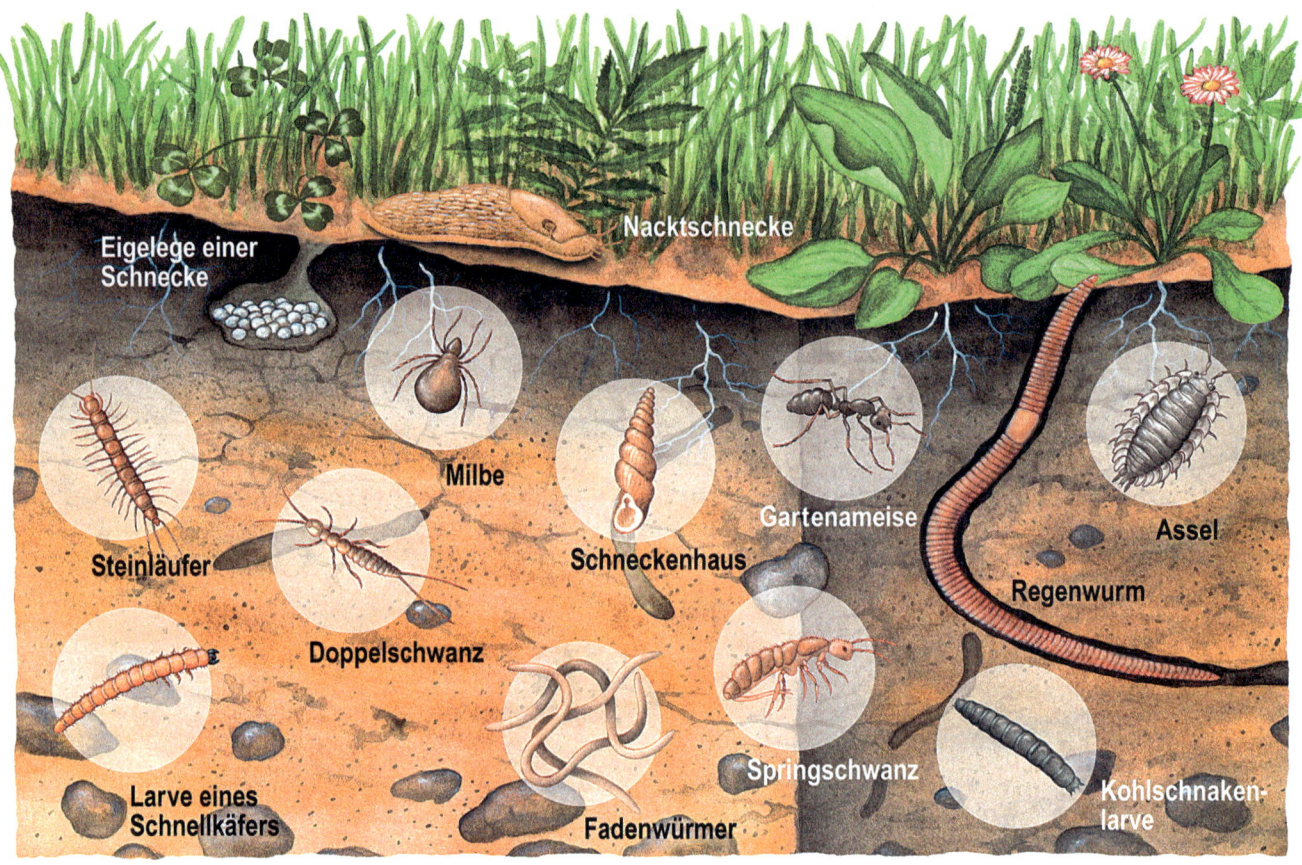

Eigelege einer Schnecke

Nacktschnecke

Milbe

Steinläufer

Doppelschwanz

Schneckenhaus

Gartenameise

Regenwurm

Assel

Larve eines Schnellkäfers

Fadenwürmer

Springschwanz

Kohlschnaken-larve

Im Boden leben verschiedene Lebewesen. Viele von ihnen kann man nur unter der Lupe oder einem Mikroskop erkennen. Zu diesen Kleinstlebewesen gehören zum Beispiel Bakterien und Pilze.

Weitere kleinere Tiere wie Würmer und Asseln bis zu größeren Tieren wie Regenwurm, Maus und Maulwurf leben im Boden. Alle Lebewesen der Bodenschicht sorgen dafür, dass Pflanzen- und Tierreste zerkleinert, vermischt und abgebaut werden. Dabei entsteht Humus, wertvolle braune bis schwarze, lockere Erde.

1 Nenne Bodenlebewesen und beschreibe ihr Aussehen.

2 Fertige von einem Bodenlebewesen einen Steckbrief an.

Bodentiere

Schüttelsieb

Becherlupe

Handlupe

Pinsel

weiße Schale

Bodenproben

1 Besorge dir verschiedene Bodenproben, zum Beispiel Gartenerde, Waldboden.

2 Untersuche die Proben. Wie sehen sie aus? Wie riechen sie? Wie fühlen sie sich an?

3 Schütte die Proben in eine helle Schale. Suche nach Tieren.

4 Betrachte sie mit einer Lupe. Wie sehen sie aus? Wie bewegen sie sich?

5 Versuche einige Tiere zu bestimmen.

● M 4 Einen Text im Schulbuch auswerten, Seite 7

Mund

Gürtel

Segmente   Borsten

After

Der Regenwurm wird auch „Gärtner der Erde" genannt. Er kann sich in lockerer Erde schnell voranbewegen. Die Borsten an den Seiten seines Körpers sind ihm dabei besonders nützlich. Während er sich durch das Erdreich bewegt, frisst er große Mengen Erde. Er lockert und belüftet dabei den Boden, da er unterirdische Gänge bohrt. Die Regenwurmgänge ermöglichen den Pflanzen ein tieferes Eindringen ihrer Wurzeln und damit die bessere Aufnahme von Wasser und Mineralstoffen aus dem Boden. Der Regenwurm meidet das Tageslicht. In der Nacht kommt er jedoch an die Oberfläche, um abgefallene Laubblätter in seine Gänge zu ziehen. Bakterien zersetzen die Blätter. Nun kann der Regenwurm die Blätter fressen.

An der Erdoberfläche entdeckt man manchmal die Kothäufchen des Regenwurmes. Diese sind guter Dünger für die Pflanzen. Wenn es regnet, flüchtet der Regenwurm aus seinen Gängen an die Erdoberfläche. Da er über seine Haut atmet, würde er im Wasser ersticken.

Den Winter verbringt der Regenwurm in tieferen Bodenschichten und verfällt in einen Starrezustand.

3 Erkundet weitere wichtige Informationen zum Regenwurm.

4 Fasst diese in einem „Regenwurmposter" zusammen.

Der Regenwurm

Du brauchst:
• 1 großes Einmachglas
• Alufolie
— Nylonstrumpf oder Mull
— Gummiband
— Futter (altes Laub, Haferflocken oder Kaffeesatz)
— 5 cm dunkle Gartenerde
— 3 cm Vogelsand
— 10 Regenwürmer

1 Fülle ein Glas wie in der Abbildung. Setze Regenwürmer ein.

2 Umwickle das Glas zur Verdunkelung mit Alufolie. Stelle es in einen kühlen Raum.

3 Befeuchte die Erde alle zwei Tage und füttere die Regenwürmer.

4 Beobachte etwa 14 Tage regelmäßig. Notiere die Veränderungen.

5 Lass die Regenwürmer wieder frei.

▶ Arbeitsheft: Seite 34, 35   ○ Lernsoftware: Nr. 20

Was braucht eine Pflanze zum Wachsen?

Heidekraut: Viel Sonne
Standort: trocken, wenig Nährstoffe

Seerose: Viel Sonne
Standort: im Wasser, viele Nährstoffe

Springkraut: Schatten
Standort: feucht, viele Nährstoffe

Die Fotos zeigen drei Pflanzen, die sich unter verschiedenen Bedingungen gut entwickelt haben. Dabei spielen Licht, Wasser und Nährstoffe eine wichtige Rolle.

1 Vergleicht die unterschiedlichen Bedürfnisse der drei Pflanzenarten.

Mit mehreren Versuchen könnt ihr genauer feststellen, unter welchen Voraussetzungen Pflanzen gut gedeihen.

Wie Licht auf Pflanzen wirkt

Ihr braucht: einen großen Schuhkarton mit Deckel, drei kleine Untersetzer, Küchenpapier, Schere, zwei Stück Pappe, Kressesamen, Sprühflasche mit Wasser.

1 Schneidet an einer Stirnseite des Kartons ein großes Fenster aus.
2 Teilt den Karton mit zwei Stückchen Pappe in drei Fächer.
3 Legt in jeden Untersetzer drei Lagen Küchenpapier. Sprüht das Papier nass und verteilt die Kressesamen gleichmäßig darauf.
4 Stellt in jedes Fach einen Untersetzer.
5 Schneidet von dem Deckel ein Stück so ab, dass nur in ein Fach Licht von oben einfällt. Passt auf! In das mittlere Fach darf kein Licht einfallen!
6 Sprüht die Samen regelmäßig nass. Hebt dabei den Deckel nur kurz an.
7 Nehmt nach einer Woche den Deckel ab. Beschreibt, wie die Pflanzen in den drei Fächern aussehen.
Versucht die Ergebnisse zu erklären.

● M 9 Eine Skizze anlegen, Seite 9
● M 11 Einen Versuch planen und durchführen, Seite 10

■ Von der Blüte zur Frucht, Seite 90/91

Was brauchen Pflanzen zum Wachsen?

Für die Versuche brauchst du vier Blumentöpfe, kleine Bohnenpflanzen, einen Karton, Erde, Watte, eine Gießkanne mit Wasser, einen Platz am Fenster.

1 Füllt die Erde oder die Watte in die Blumentöpfe, setzt die Bohnenpflanzen ein und stellt sie ans Fenster. Über einen Topf wird der Karton gestellt. Gießt regelmäßig und beobachtet die Pflanzen der Versuche a, b, c und d über einen längeren Zeitraum.

2 Schreibt euere Beobachtungen auf und zeichnet die Pflanzen.

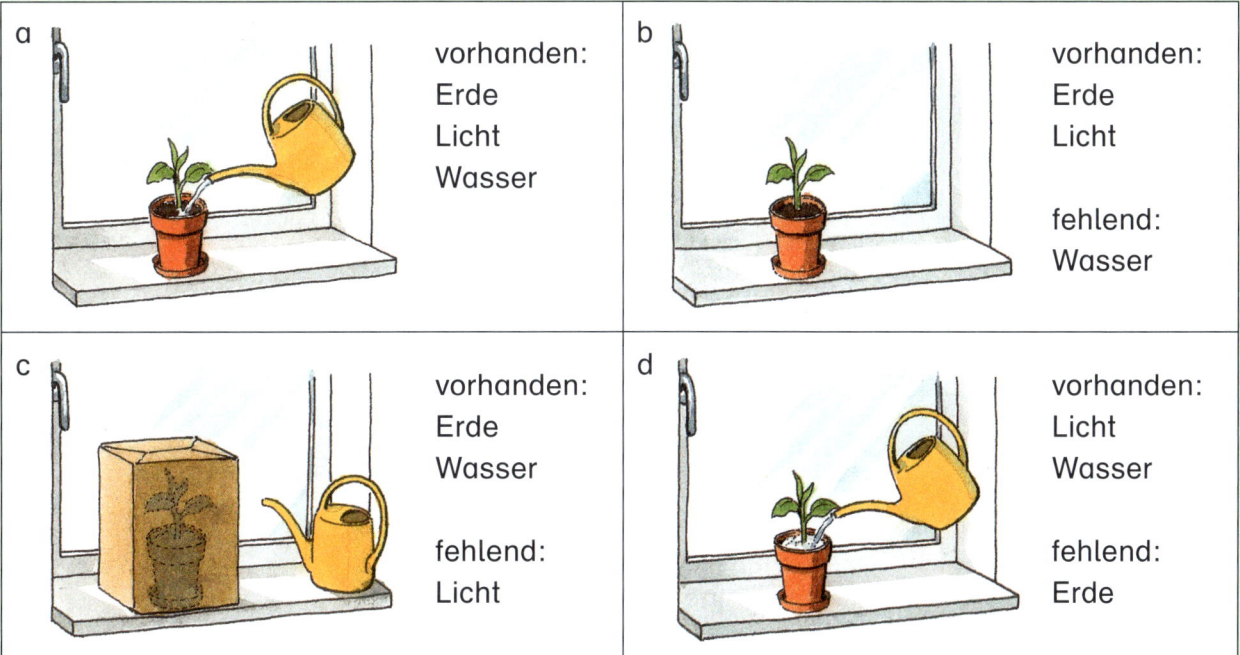

a
vorhanden:
Erde
Licht
Wasser

b
vorhanden:
Erde
Licht

fehlend:
Wasser

c
vorhanden:
Erde
Wasser

fehlend:
Licht

d
vorhanden:
Licht
Wasser

fehlend:
Erde

3 Wertet eure Versuchsergebnisse aus.
Notiert, was eine Pflanze braucht, um zu wachsen und sich gut zu entwickeln.

4 Ihr könnt die gut entwickelten Pflanzen des oberen Versuchs auch weiter beobachten. Gießt sie regelmäßig. Messt jeweils nach genau einer Woche die in dem Bild dargestellten Maße. Zeichnet dazu die Tabelle ab und tragt eure Messwerte ein.

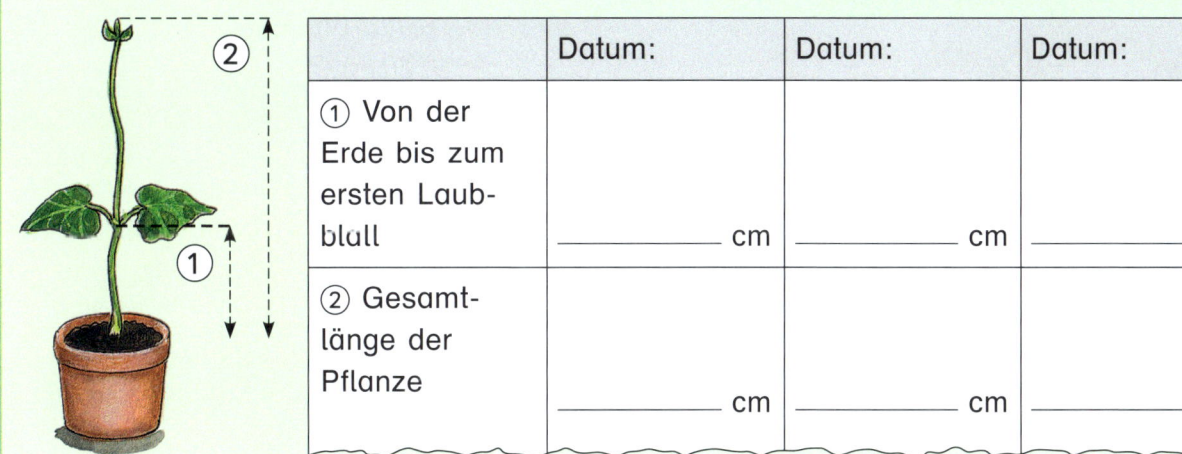

	Datum:	Datum:	Datum:
① Von der Erde bis zum ersten Laubblatt	_____ cm	_____ cm	_____ cm
② Gesamtlänge der Pflanze	_____ cm	_____ cm	_____ cm

Anbau von Getreide

Weizen

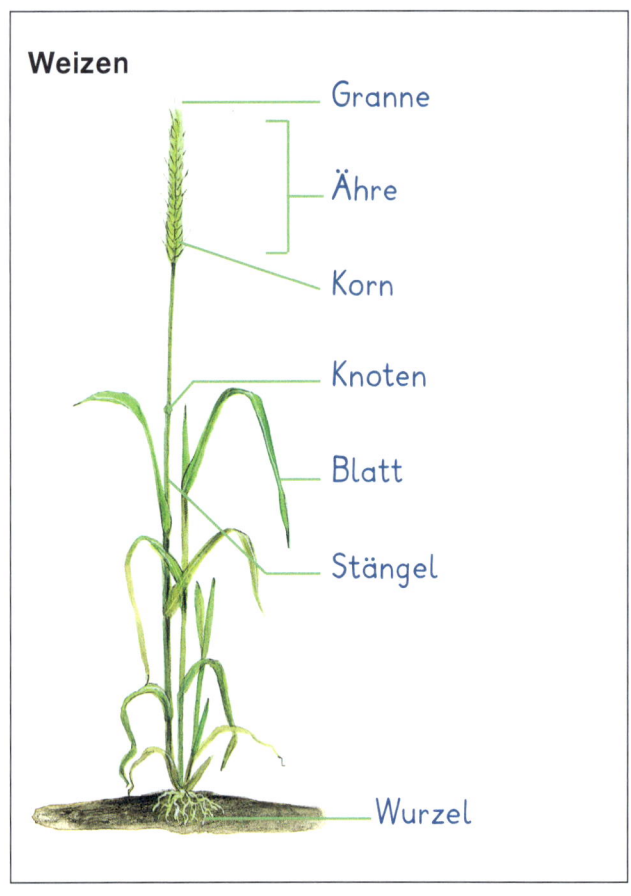

- Granne
- Ähre
- Korn
- Knoten
- Blatt
- Stängel
- Wurzel

Weizen

Jedes Jahr im Sommer leuchtet auf den Feldern das reife Getreide.
Eine häufige Getreideart ist der Weizen. Am oberen Ende des Stängels sitzen dicht gedrängt Körner, die Früchte des Weizens. Weizen hat kurze Grannen. Alle Körner zusammen – das ist der Fruchtstand – nennt man Ähre. Der lange, hohle Stängel (Halm) hat an einigen Stellen Verdickungen. Sie heißen Knoten und geben dem Halm Festigkeit. Sie verhindern zum Beispiel, dass er bei starkem Wind umknickt.

Auch Mais ist eine Getreideart. An den kräftigen Stängeln, die bis zu drei Meter hoch werden können, wachsen die Maiskolben. Sie sind etwa 20 Zentimeter groß und werden von großen Blättern eingehüllt. Mais hat von allen Getreidearten die größten Körner.

1 Vergleiche Weizen- und Maispflanze miteinander.
Skizziere beide Pflanzen.

Mais

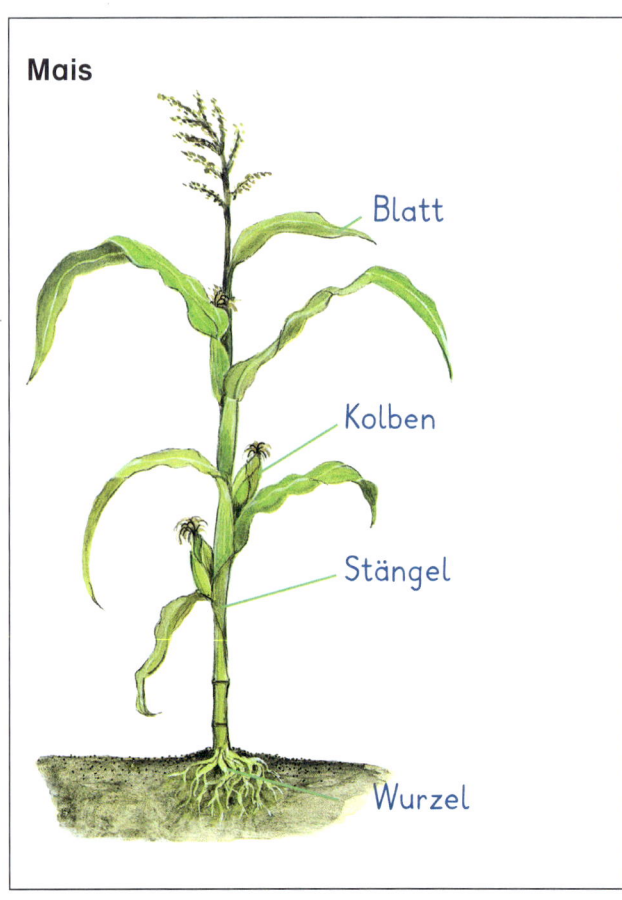

- Blatt
- Kolben
- Stängel
- Wurzel

Mais

● **M 9 Eine Skizze anlegen, Seite 9** ▶ Arbeitsheft: Seite 36, 37

Weizen

Roggen

Gerste

Hafer

Außer Weizen und Mais werden bei uns hauptsächlich Roggen, Gerste und Hafer angebaut.
Die Getreidearten kann man am besten an den reifen Fruchtständen unterscheiden.
Am leichtesten ist der Hafer zu erkennen. Seinen Fruchtstand nennt man Rispe.

2 Besorgt euch reife Ähren von den vier Getreidearten.
Vergleicht sie miteinander.

3 Vergleicht nun die verschiedenen Getreidekörner miteinander.

Übrigens

Reis

Hirse

Nicht überall auf der Welt können unsere heimischen Getreidearten wachsen.
Reis wird vorwiegend in Asien angebaut. Die Reispflanze muss im Wasser stehen, um zu gedeihen.
Hirse wird hauptsächlich in Asien und Afrika angebaut. Sie kann auch gut auf trockenen Böden wachsen.
Auf beiden Erdteilen hungern immer noch viele Menschen.

1 Überlege, warum in der Welt so viele Menschen hungern.

2 Erkunde Gerichte aus Reis und Hirse.

○ Lernsoftware: Nr. 28, 29

Was aus Getreide hergestellt wird

Das Getreide wird zu einem **Getreidesilo** transportiert. Zuerst werden verschiedene Kontrollen durchgeführt. Im **Getreidesilo** werden die Körner von Staub, Steinchen und leeren Schalen getrennt und dann gelagert.

Vom Getreidesilo gelangen die Getreidekörner zur **Getreidemühle**. Dort werden die Körner zwischen Stahlwalzen zermahlen.
Es wird ein wenig befeuchtet, damit sich die Schalen leichter vom Mehlkörper trennen.
Das Mehl wird in Mehlsilos gelagert.

Mit **Mehltransportwagen** erfolgt der Transport des Mehles zu den Bäckereien. Große Bäckereien lagern ihr Mehl in einem **Silo**. Von dort gelangt das Mehl gleich in die Teigzubereitungsanlage.

Der **Brotteig** wird aus Mehl, Wasser und Sauerteig oder Hefe geknetet.
Die Bäcker haben dafür große Knetmaschinen. Danach muss der Teig einige Zeit ruhen, damit das Brot gut bäckt.

Nach der Ruhezeit kann der Bäcker die **Brotlaibe** formen. Sie erhalten eine ovale, runde oder längliche Form.

Im **Backofen** werden die Brote gebacken.
Die Backtemperatur muss genau eingehalten werden.

Im **Bäckerladen** kann man viele Sorten Brot, Brötchen, aber auch Kuchen, Kekse und Torten kaufen.

Die Getreidearten Roggen, Gerste, Hafer und Mais werden auch als **Futter** verwendet. Auch für Kraftfutter wird Getreide benötigt.

In **Bierbrauereien** wird Gerste für die Herstellung von Bier verwendet. Das Bier wird deshalb auch als „Gerstensaft" bezeichnet.

Für die Aussaat von Getreide wird spezielles **Saatgetreide** angebaut.
Es muss eine sehr gute Qualität haben und sortenrein sein.

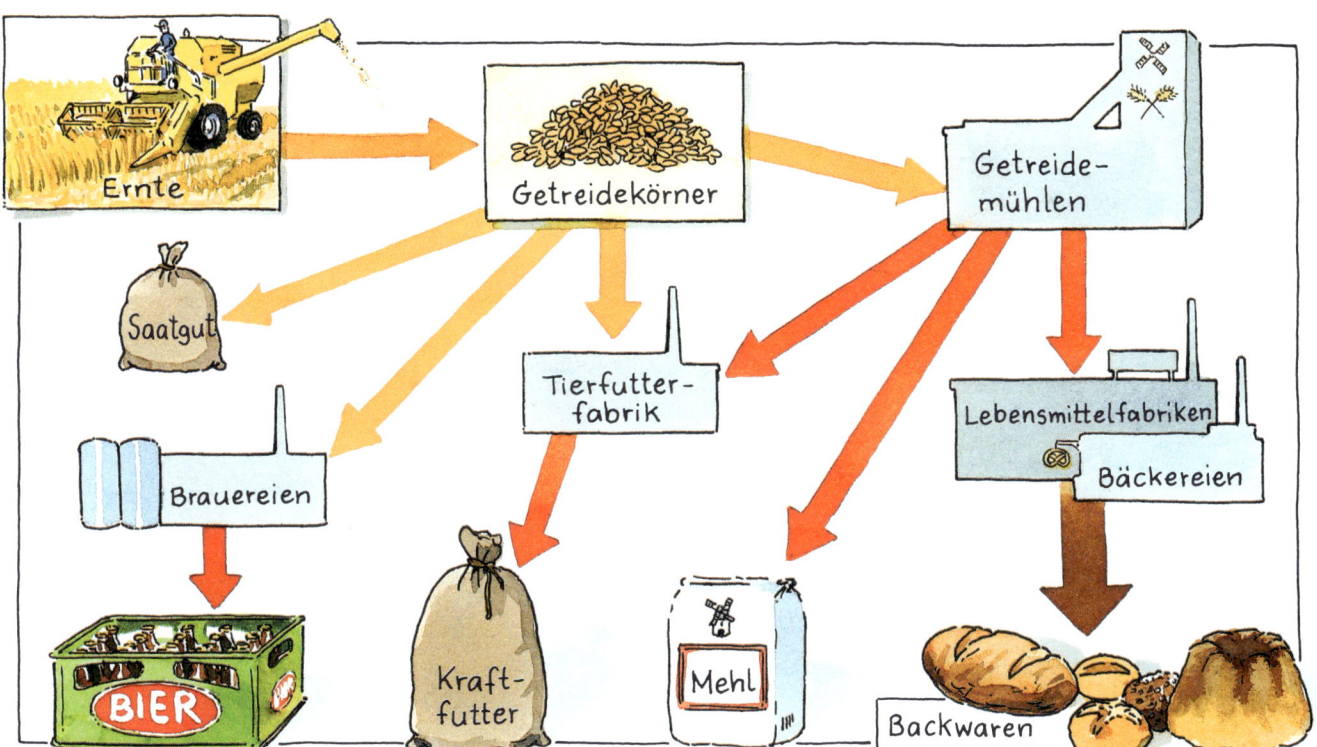

1 Beschreibt mithilfe der Übersicht, wofür Getreide verwendet wird.

2 Sucht nach Lebensmitteln, in denen Getreide enthalten ist.
Schaut auf die Verpackungen.

3 Gestaltet einen Ausstellungstisch zum Thema „Was wird aus Getreide hergestellt?" in der Klasse.

Die Kartoffel

Blüte

Blatt

Beere

Stängel

Wurzel

Knolle

Die Kartoffel zählt zu den wichtigsten Nahrungsmitteln in Deutschland.
Von der Kartoffelpflanze essen wir nur die Knollen. Diese wachsen unter der Erde.
Im Frühjahr werden die Kartoffelknollen in den Boden gelegt. Auf jeder Knolle befinden sich in kleinen Vertiefungen Knospen. Sie werden auch „Augen" genannt.
Bald sprießen aus diesen „Augen" der Mutterknolle Triebe. Nach vier Wochen erreicht ein Trieb die Erdoberfläche und bildet erste Blätter. Bis zum Sommer wächst der Stängel der Pflanze bis zu einem Meter hoch und entfaltet weitere Blätter.
Schließlich zeigen sich weiße oder violette Blüten, die zu grünen Beeren reifen.
Diese sind giftig, wie alle grünen Teile der Kartoffel. Unter der Erde verdicken sich die Enden der Wurzeln zu 10 bis 25 „Tochter-knollen". Während diese Knollen sich vergrößern, schrumpft die Mutterknolle und fault.
Im Herbst beginnt die Pflanze zu welken und die Kartoffeln sind reif zur Ernte.

1 Beschreibe mithilfe der Bilder, wie aus einer Mutterknolle neue Kartoffeln werden.

Zur Ernte hebt der Roder mit seiner Schar die Kartoffelpflanzen aus der Erde und schiebt sie ins Innere der Maschine. Dort werden Kartoffelkraut und Erde von den Kartoffelknollen getrennt und fallen auf das Feld. Auf einem Sortierband werden dann kleine, beschädigte oder faule Kartoffeln aussortiert. Anschließend werden die Kartoffeln in große Transportbehälter gefüllt.

Die Geschichte der Kartoffel

Vor 500 Jahren kannten die Menschen in Europa noch keine Kartoffeln. Aber die Indianer Südamerikas bauten sie schon seit Jahrtausenden an. Sie hatten nämlich entdeckt, dass sich Kartoffeln lange aufbewahren lassen und so während des ganzen Jahres als Nahrung zur Verfügung stehen. Nach Europa gelangten die ersten Kartoffelknollen erst um 1600 durch spanische Seefahrer. Aber lange Zeit konnten sich die Menschen nicht vorstellen, die unter der Erde wachsenden Knollen zu verspeisen. Es kam vor, dass irrtümlich die grünen Beeren gegessen wurden, die zu Vergiftungen führten. Um den Anbau von Kartoffeln zu fördern, griff der preußische König zu einer List. Er befahl Kartoffeln auf seinen Feldern zu pflanzen und diese streng durch Soldaten zu bewachen. Nun wurden die Bauern, die bis dahin Kartoffeln nicht anbauen wollten, nachdenklich: „Wenn der König diese Kartoffeln bewachen lässt, sind sie sicher wertvoll!" Als die Soldaten in der Nacht – wie der König befohlen hatte – scheinbar unaufmerksam waren, stahlen die Bauern die Kartoffeln und pflanzten sie auf ihren Feldern.

2 Beschreibe, wie die Kartoffel von Südamerika nach Europa gelangte.

○ Lernsoftware: Nr. 26, 27

Von der Blüte zur Frucht

Blühender Kirschbaum

Im Frühjahr beginnen die Obstbäume zu blühen. Zuerst blühen die Kirschbäume. Sie leuchten durch ihre vielen weißen Blüten.
Die grünen Blätter an den Kirschbäumen erscheinen erst, wenn die Blüten verwelkt sind.

1 Informiert euch in einem Baumbuch, in welchen Monaten die Kirschen blühen.

Kirschblüte

Betrachtet man eine Kirschblüte aus der Nähe, fallen zuerst die weißen Blütenblätter auf. Im Inneren der Blüte sind etwa 20 gelbe Staubblätter und die klebrige Narbe in der Mitte.

2 Nenne die Teile der Kirschblüte.

Biene in einer Kirschblüte

Die weißen Blütenblätter locken Bienen an. Sie krabbeln in die Blüten um Nektar, eine süße Flüssigkeit, zu sammeln.
Dabei berühren die Bienen die gelben Staubblätter. Der gelbe Blütenstaub (Pollen) aus den Staubblättern bleibt im Haarpelz der Bienen hängen.

Biene mit Blütenstaub

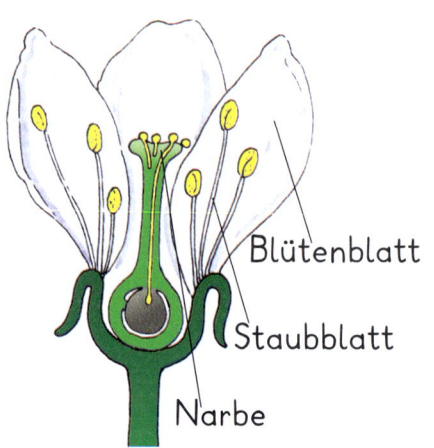

Blütenblatt

Staubblatt

Narbe

Wenn die Biene dann die nächste Blüte besucht, gelangt von dem Blütenstaub etwas auf die Narbe. Diesen Vorgang nennt man Bestäubung.

3 Beschreibe, wie eine Blüte durch Bienen bestäubt wird.

■ Was braucht eine Pflanze zum Wachsen?, Seite 82/83

Die Kirschfrucht wächst heran

Reife Kirschen

Nach der Bestäubung verwelkt die Blüte. Aus dem unteren Teil der Blüte entwickelt sich die Kirschfrucht. Sie ist zunächst noch klein und hat eine grüne Farbe.
Nur aus bestäubten Blüten können sich Kirschfrüchte entwickeln.

Die Kirschen wachsen heran und ändern die Farbe. Je nach Kirschsorte werden sie rot, schwarz oder gelb.

4 Beschreibe die Entwicklung von der Kirschblüte zur Kirschfrucht.

Übrigens

Obstarten

Pflaume, Steinobst

Heidelbeere

Apfel, Kernobst

Die Früchte von Obstbäumen und Obststräuchern werden Obst genannt.
Es werden folgende Obstarten unterschieden:
Steinobst: Die Früchte haben einen Stein. Darin liegt geschützt der Samen.
Beerenobst: Die Früchte werden Beeren genannt und enthalten viele kleine Samen.
Kernobst: Die Früchte haben ein Gehäuse mit vielen Samen. Die Samen heißen Kerne.

Pfirsich, Steinobst

Johannisbeere

Birne, Kernobst

Wir bestimmen Tiere und Pflanzen

männlicher Buchfink

Der Buchfink hat ein buntes Gefieder. Die Brust ist rosa bis rotbraun, der Kopf graublau. Auffällig sind die weißen Streifen an den Flügeln.

1 Vergleiche das Gefieder von Buchfink und Grünfink.

Kopf · Rücken · Schnabel · Schwanz · Kehle · Brust · Bauch · Fuß

männlich · weiblich

Grünfink

männlich · weiblich

Buchfink

Jungvogel

Rotkehlchen

Mithilfe eines Bestimmungsbuches können wir Tiere bestimmen und unterscheiden.

Bei Vögeln ist die Farbe des Gefieders ein Merkmal. Die Färbung von Kopf, Schnabel, Kehle, Brust und Rücken kann unterschiedlich sein. Streifen an den Flügeln oder ein auffälliger Schwanz helfen bei der Bestimmung.

2 Vergleicht das Gefieder von Männchen und Weibchen.
Was fällt euch auf? Stellt selbst weitere Fragen.

3 Beobachte Vögel im Garten oder Park. Versuche, einen Vogel zu bestimmen.

● M 5 Pflanzen bestimmen, Seite 7
● M 6 Einen Lernort erkunden, Seite 8
● M 9 Eine Skizze anlegen, Seite 9

Märzenbecher

Der Märzenbecher blüht im zeitigen Frühjahr. Die Blüten sind weiß und duften. Jedes der sechs Blütenblätter hat an der Spitze einen grünen Punkt. An jedem Stängel wächst nur eine Blüte, selten sind es zwei. Die Blätter sind lang und schmal.

4 Überlege, woher der Märzenbecher seinen Namen hat.

Blüte
Kelchblatt
Blatt
Blütenblatt
Narbe
Staubblatt
Stängel
Wurzel
Kelchblatt — Stängel

Märzenbecher
(giftig)

Schneeglöckchen
(giftig)

Bärlauch

Maiglöckchen
(giftig)

Auch für Pflanzen gibt es Bestimmungsbücher. Das auffälligste Merkmal ist die Blütenfarbe. Ist die Farbe gleich, muss man sich die Form und die Anzahl der Blütenblätter genau ansehen. Außerdem unterscheiden sich die Stängel und Blätter der Pflanzen.

5 Zähle auf, wodurch sich der Bärlauch und das Maiglöckchen unterscheiden.

6 Bestimme Pflanzen mithilfe eines Bestimmungsbuches. Zeichne eine Pflanze. Beschrifte Blüte, Blatt und Stängel.

7 Schaut in den Schulgarten. Welche Pflanzen wachsen dort?

o Lernsoftware: Nr. 18 bis 20, 21 bis 23

Lebenszyklen

Pflanzen, Tiere und Menschen leben nicht ewig, sondern nur eine bestimmte Zeitspanne. Das Lebensalter, das zum Beispiel eine Blume, ein Baum, ein Schmetterling oder ein Mensch erreichen kann, ist sehr unterschiedlich. Einerseits hängt es von den Lebensbedingungen ab. Schlechtes Wetter, Nahrungsmangel oder andere Gefahren beeinträchtigen oder vernichten das jeweilige Lebewesen. Andererseits spielt die Veranlagung des Körpers eine große Rolle: Eine Eintagsfliege könnte selbst bei besten Bedingungen niemals hundert Jahre alt werden.

Jedes Lebewesen verändert sich während seines Lebens in bestimmter Weise. Ein junger Baum und ein alter Baum, ein Säugling und ein alter Mensch zeigen eine Vielzahl an Veränderungen. Sie entstehen durch die Veranlagung und die Umgebung.

1 Das Bild oben zeigt Abschnitte des menschlichen Lebens. Beschreibe das Bild. Nenne die Veränderungen zwischen den verschiedenen Lebensaltern.

2 Die untere Bildreihe zeigt den Lebenslauf einer Sonnenblume. Beschreibe die einzelnen Entwicklungsschritte.

29 Jahre

36 Jahre

122 Jahre

1,5 Monate

104 Jahre

5062 Jahre

256 Jahre

1500 Jahre

211 Jahre

3 Vergleiche die Altersrekorde der verschiedenen Lebewesen.

4 Schau dir die Zeitleisten genau an. Mithilfe der Zeitleisten kannst du das Höchstalter der verschiedenen Lebewesen gut ablesen und vergleichen. Achtung! Alle Zeitleisten haben unterschiedliche Maßstäbe.

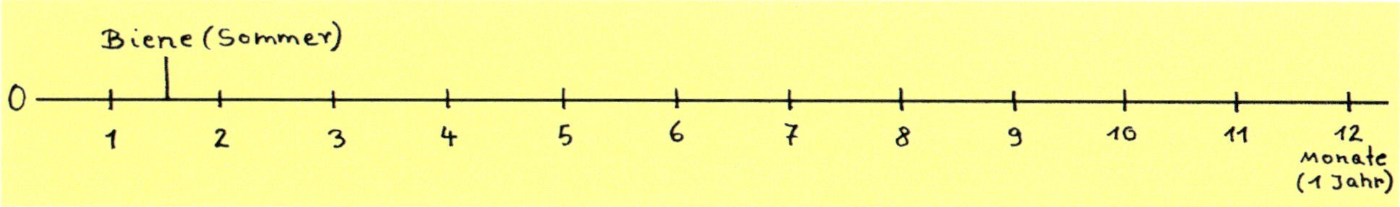

Biene (Sommer)

0 — 1 — 2 — 3 — 4 — 5 — 6 — 7 — 8 — 9 — 10 — 11 — 12 Monate (1 Jahr)

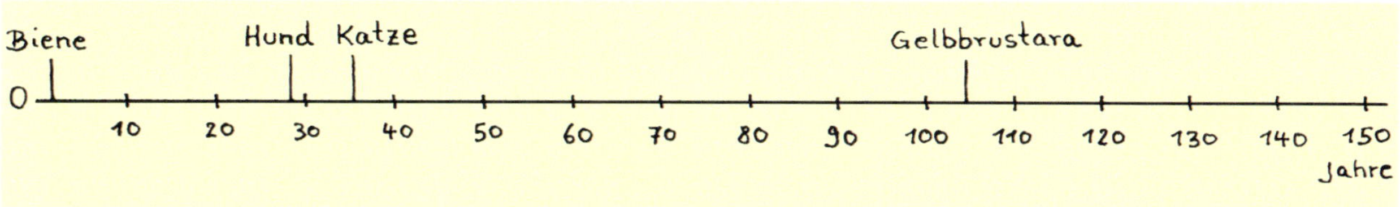

Biene   Hund Katze   Gelbbrustara

0 — 10 — 20 — 30 — 40 — 50 — 60 — 70 — 80 — 90 — 100 — 110 — 120 — 130 — 140 — 150 Jahre

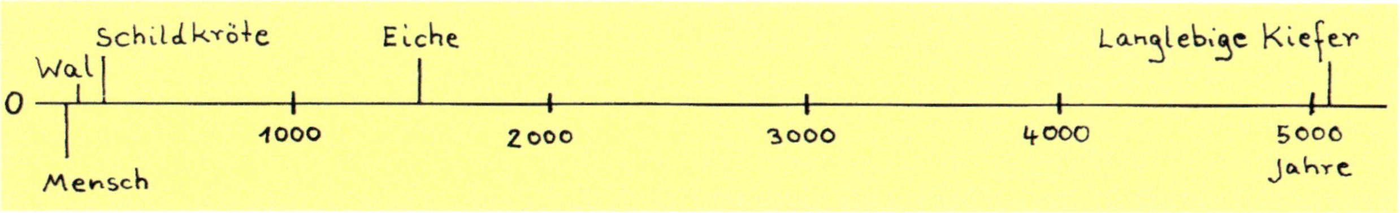

Wal   Schildkröte   Eiche   Langlebige Kiefer

0 — 1000 — 2000 — 3000 — 4000 — 5000 Jahre

Mensch

Leben und Sterben
Jeden Tag entsteht neues Leben. An jedem Tag stirbt Leben. Dies betrifft nicht nur Pflanzen und Tiere, sondern auch uns Menschen. Aber auch Sterne, ferne Sonnen, Planeten und Monde entstehen und vergehen. Diskutiert eure Gedanken über dieses ständige Werden und Vergehen.

● M 13 Mit einer Zeitleiste arbeiten, Seite 11

Zuneigung, Zärtlichkeit, Liebe

1 **Betrachte und beschreibe die Fotos.**
Gib ihnen eine Überschrift.

2 **Schreibe auf, wie auf den Fotos**
Zuneigung oder Liebe dem anderen
gezeigt werden.

3 **Begründe, welches Foto dir am besten**
gefällt.

4 **Gestalte selbst ein Plakat zum Thema.**

Wenn man einen anderen so mag, dass man ohne ihn gar nicht mehr sein möchte, dann ist es Liebe.

5 **Was ist Liebe?**
Finde Beispiele. Versuche selbst eine
Antwort auf die Frage zu geben.

● M 8 Ein Bild auswerten, Seite 9   ■ Wie ein Baby wächst und geboren wird, Seite 98/99

Wenn ein Mann und eine Frau sich lieben, entsteht zwischen ihnen eine große Anziehungskraft. Manchmal wollen sie sich ganz nah sein und sich am ganzen Körper spüren. Sie küssen und streicheln sich.
Dabei wird das Glied des Mannes steif und richtet sich auf. Bei der Frau wird die Scheide feucht. Es ist für beide ein schönes Gefühl, wenn das Glied in die Scheide gleitet und sie sich hin und herbewegen. Nach einer Weile fließt aus dem Glied Samenflüssigkeit in die Scheide.

Wenn ein Mann und eine Frau sich so lieben, sagt man, sie schlafen miteinander oder sie haben Geschlechtsverkehr.

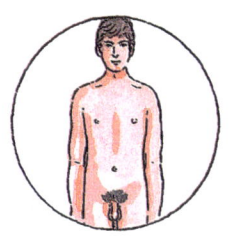
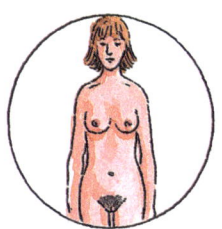

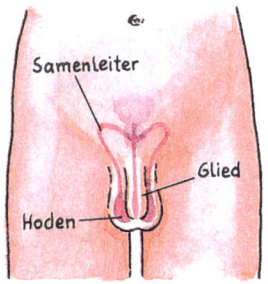
Samenleiter
Glied
Hoden

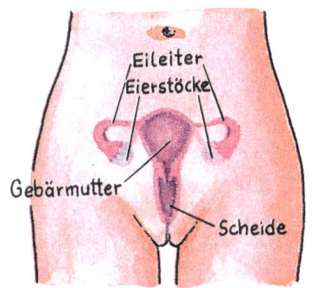
Eileiter
Eierstöcke
Gebärmutter
Scheide

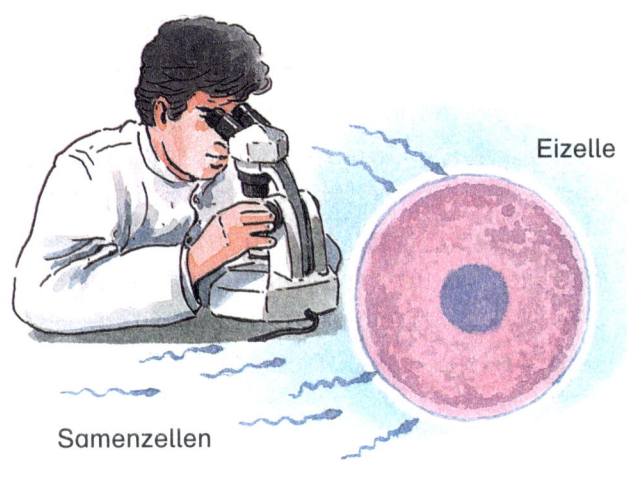

Eizelle

Samenzellen

Samenzellen und Eizelle sind nur mit dem Mikroskop zu erkennen.

In der Samenflüssigkeit schwimmen Millionen von Samenzellen. Sie werden in den Hoden des Mannes gebildet. Beim Geschlechtsverkehr gelangen sie durch die Samenleiter und das Glied in den Körper der Frau. Dort bewegen sich die Samenzellen durch die Gebärmutter zu den beiden Eileitern. Am Ende des Eileiters ist ein Eierstock. Dort reift jeden Monat eine Eizelle. Diese verlässt den Eierstock.

Wenn die Eizelle mit einer Samenzelle zusammentrifft, können sie miteinander verschmelzen. Die Eizelle ist dann befruchtet. Sie setzt sich in der Gebärmutter fest und beginnt zu wachsen.
In den folgenden neun Monaten entwickelt sich daraus ein Kind.

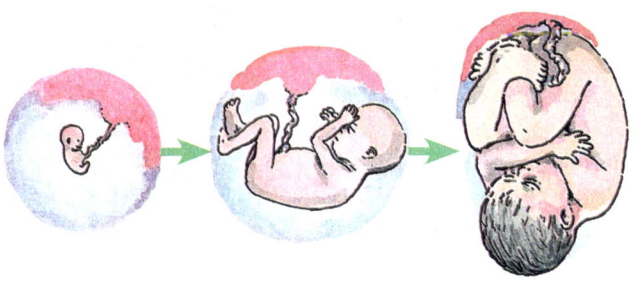

Wie ein Baby wächst und geboren wird

Jule spielt gerade in ihrem Zimmer, als ihre Eltern ihr freudig die neue Nachricht überbringen. Jetzt bekommt sie endlich ein Geschwisterchen!

Gemeinsam schaut sie sich mit ihren Eltern ein Fotoalbum an, in dem sie als Baby zu sehen is...

1 Bringt Erinnerungsstücke und Fotos aus eurer Babyzeit mit.

2 Informiert euch darüber, wie ihr als Baby gewesen seid. Erzählt davon.

3 Erkundigt euch, was ein Baby braucht.

So entwickelt sich ein Baby

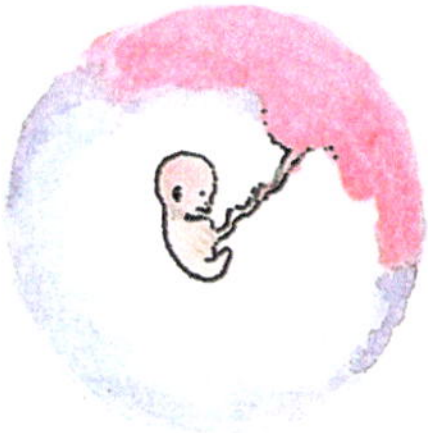

Die Entwicklung eines Kindes dauert neun Monate. Sie vollzieht sich etwa so:

1. Monat: Es ist etwa so groß wie ein Stecknadelkopf.

2. Monat: Augen, Ohren, Mund, Nase, Arme und Beine entwickeln sich. Die Größe entspricht der eines Fingers.

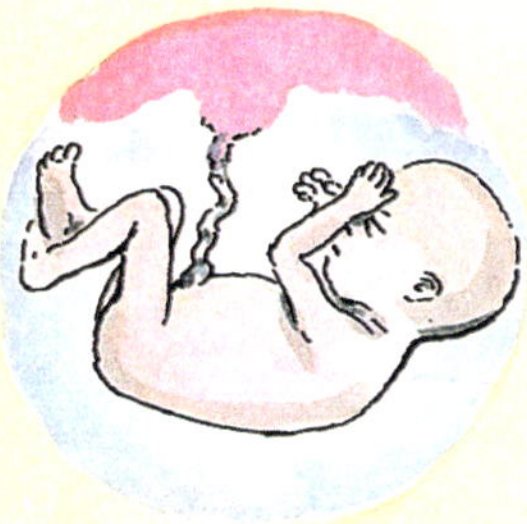

3. Monat: Erste Bewegungen sind spürbar. Es ist klar, ob es ein Junge oder Mädchen wird.

4. Monat: Es fühlt sich im Bauch der Mutter wohl und kann schon am Daumen nuckeln.

5. Monat: Es kann schon kräftig mit den Beinen strampeln.

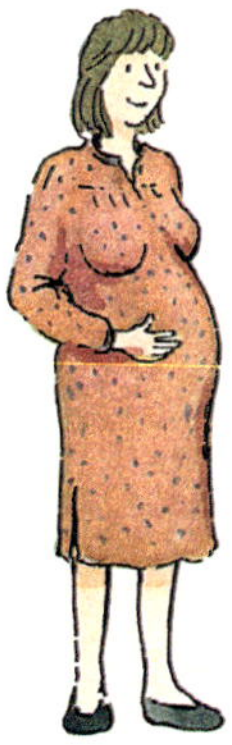

6. Monat: Weil es schnell wächst, wird der Bauch der Mutter immer dicker.

7. Monat: Alles, was es braucht, bekommt es durch die Nabelschnur. Es wächst rasch und ist schon beinahe „fertig".

8. Monat: Langsam dreht es sich in die Richtung, in der es geboren wird.

9. Monat: Es ist soweit. Alle freuen sich über ein gesundes Baby.

■ Zuneigung, Zärtlichkeit, Liebe, Seite 96/97

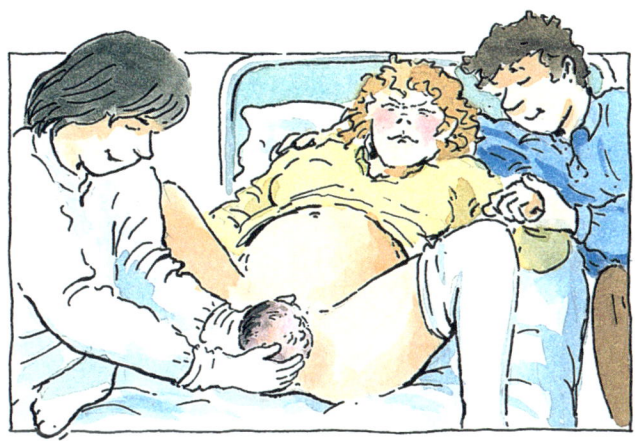

Neun Monate sind vergangen. Jules Mutter hat „Wehen" bekommen. Dabei zieht sich die Gebärmutter zusammen und drückt das Baby nach unten. Bald wird es geboren. Die Eltern fahren deshalb ins Krankenhaus. Dort hilft eine besondere Krankenschwester, die Hebamme, bei der Geburt.

Die Wehen werden stärker. Die Mutter presst das Baby durch die Scheide heraus. Zuerst ist der kleine Kopf zu sehen. Der kleine Junge schreit laut. Gleich legt die Hebamme den Kleinen auf den Bauch der Mutter. Er sucht nach der Brust der Mutter, um Muttermilch zu trinken.

4 Beschreibe die auf den Bildern dargestellten Situationen.

5 Schreibe auf, was Jule jeweils gedacht oder gefühlt haben könnte.

Haltung und Beweglichkeit des Körpers

Ein erwachsener Mensch hat ungefähr 206 Knochen. Sie sind besonders geformt und angeordnet. Gemeinsam bilden sie das Skelett oder Knochengerüst. Das Skelett stützt den Körper und trägt sein Gewicht. Jeder einzelne Knochen des Skeletts ist hart und unbeweglich. Durch Gelenkverbindungen am Ende der Knochen erhalten wir unsere Beweglichkeit. Mithilfe von Muskeln und Gelenken können wir Teile unseres Körpers strecken, beugen oder drehen.

1 Schau dir das Knochengerüst der Tennisspielerin genau an. Nenne die Namen der Gelenke.

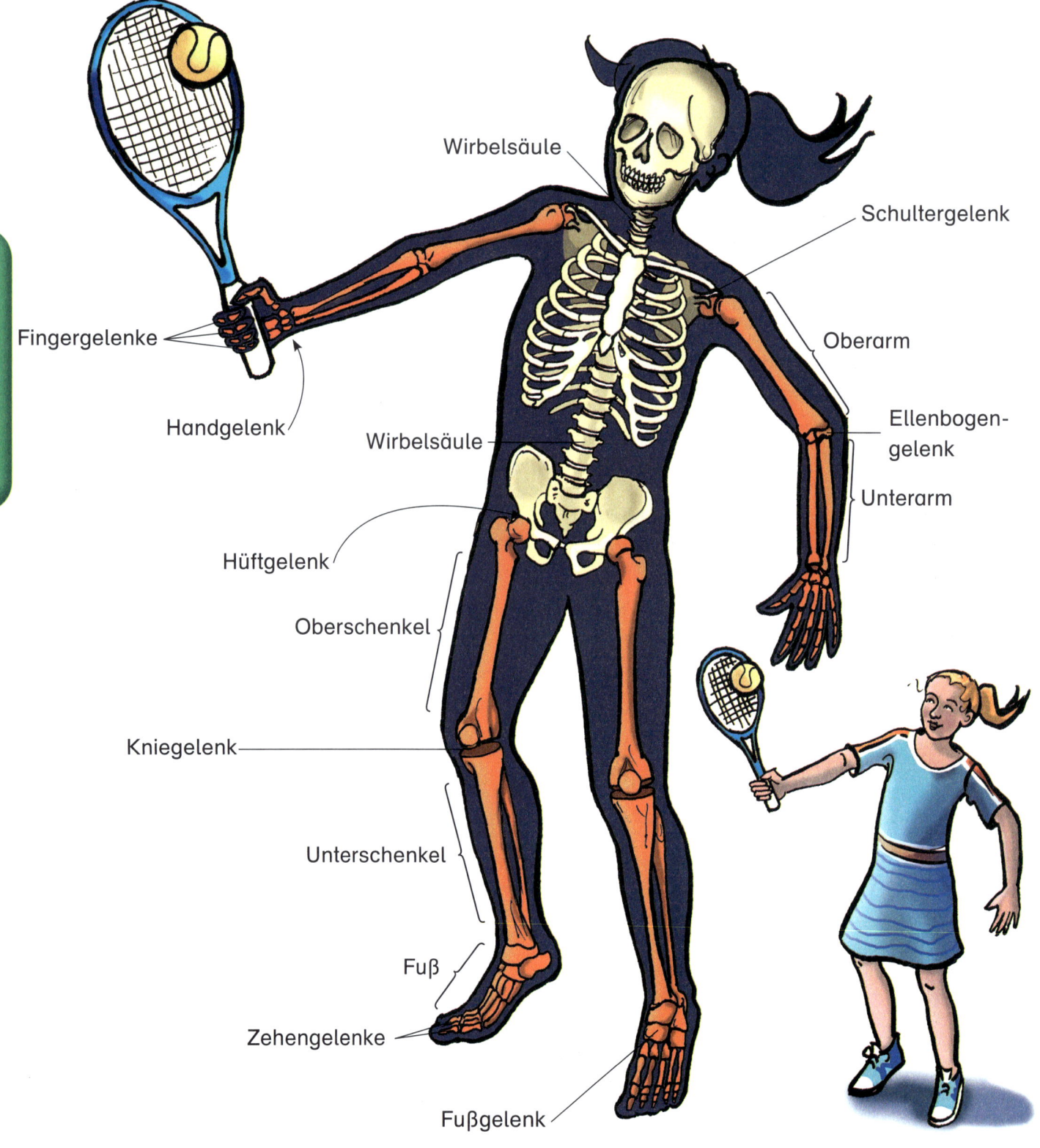

Wirbelsäule

Schultergelenk

Fingergelenke

Oberarm

Handgelenk

Ellenbogen-gelenk

Wirbelsäule

Unterarm

Hüftgelenk

Oberschenkel

Kniegelenk

Unterschenkel

Fuß

Zehengelenke

Fußgelenk

▶ Arbeitsheft: Seite 39   ○ Lernsoftware: Nr. 15, 16

Gelenke

So könnt ihr durch Tasten herausfinden, wo sich im Körper Gelenke befinden.
Ihr braucht: Kreppband und einen Partner.

Schultergelenk

Ellen-
bogengelenk

Hand-
gelenk

1 Arbeitet mit einem Partner. Findet durch Tasten und Bewegen heraus, wo sich die Gelenke befinden.

2 Markiert die Gelenke mit einem Stück Kreppband und benennt sie. Beschriftet die Gelenke mit den richtigen Gelenknamen.

Die Wirbelsäule

Die Hauptstütze des Körpers ist die Wirbelsäule. Sie ist empfindlich gegen Stöße und einseitige Belastung.

1 Ertastet gegenseitig eure Rückenwirbel. Beschreibt, wie sich die Wirbel anfühlen.

2 Trage deine Schultasche erst auf dem Rücken und dann in der Hand. Beschreibe, wie sich deine Körperhaltung verändert.

2 Vergleiche das Kind, das die Schultasche mit der linken Hand trägt, mit der Schemazeichnung rechts. Was fällt dir an dieser Wirbelsäule auf?

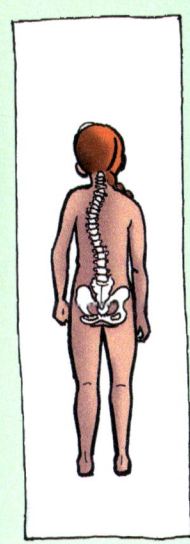

Erste Hilfe

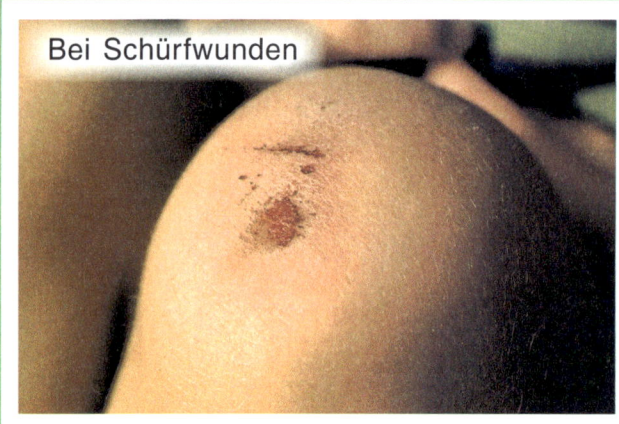

Bei Schürfwunden

Bei Schürfwunden, Platz- oder Risswunden musst du dafür sorgen, dass sich das verletzte Kind hinsetzt oder hinlegt. Der verletzte Körperteil muss hochgehalten werden. So lässt die Blutung schneller nach. Kleinere Wunden kannst du mit frischem Leitungswasser säubern und mit einem Pflaster schützen. Bei starken Blutungen oder stark verschmutzten Wunden musst du einen Erwachsenen um Hilfe bitten.

Prellungen müssen sofort gekühlt werden. Du erkennst sie an einer sichtbaren Schwellung. Manchmal gibt es auch einen Bluterguss. Besorge ein Kühlkissen und kühle die verletzte Stelle. Kälte hilft, den Bluterguss klein zu halten, und lindert die Schmerzen. Zur Sicherheit ist es bei schweren Prellungen notwendig, dass ein Arzt aufgesucht wird.

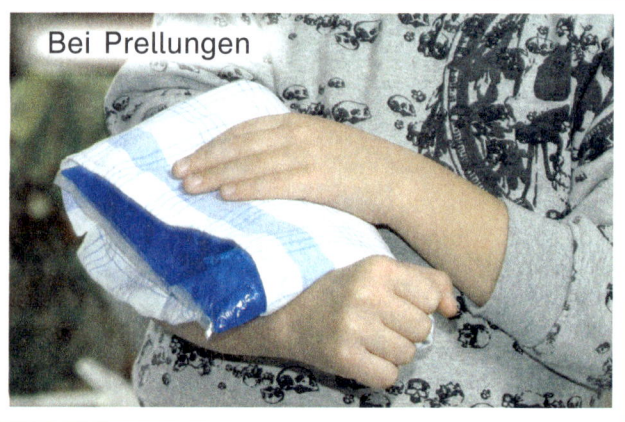

Bei Prellungen

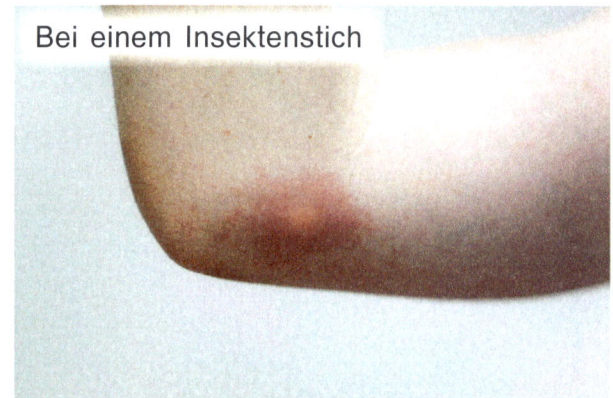

Bei einem Insektenstich

Insektenstiche, vor allem Wespenstiche, können schmerzhaft sein. Die Einstichstelle schwillt an und wird rot. Auch hier solltest du die Stelle sofort kühlen.
Besonders gefährlich kann ein Insektenstich sein, wenn jemand allergisch auf Insektengift reagiert. In diesem Fall muss sofort ein Arzt gerufen werden.

Sorge bei Verbrennungen dafür, dass die verbrannte Stelle mindestens 15 bis 20 Minuten mit fließendem, aber nicht zu kaltem Wasser gekühlt wird.
Große Brandwunden müssen anschließend von einem Arzt versorgt werden.

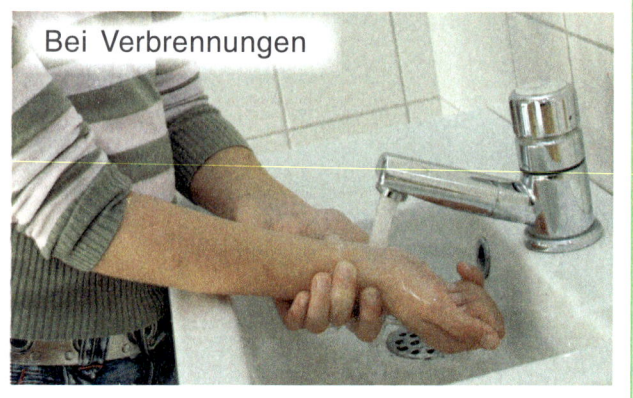

Bei Verbrennungen

▸ Arbeitsheft: Seite 40

Verhalten beim Unfall

– Schau dir die Unfallstelle an.
– Achte darauf, dass du nicht selbst in Gefahr kommst.
– Bleib ruhig!
– Hole Hilfe!
– Sprich einen Erwachsenen an!
– Du kannst jederzeit den **Notruf** anrufen!

Wähle: 112!

Eine Unfallmeldung üben – die fünf großen W.

1 Die genaue Unfallmeldung ist für die Rettungskräfte sehr wichtig.

Gib an:

ⓐ **Wo** ist der Unfall passiert?

ⓑ **Wer** spricht?

ⓒ **Was** ist passiert?

ⓓ **Wie** viele Verletzte gibt es?

ⓔ **Welche** Verletzungen?

Beispiele:

Am Ende der …straße kurz vor der …straße ist ein Unfall passiert.

Meine Name ist …

Ein Fahrradfahrer wurde von einem Autofahrer angefahren.

Ein Fahrradfahrer ist gestürzt.

Er hat sich am linken Arm und im Gesicht verletzt.

Warte immer bis das Gespräch von der Rettungsstelle beendet wird!
Bleibe bei dem Verletzten, bis der Rettungsdienst kommt!

Rettungskette

1 Beschreibe die Rettungskette.
An welchen Stellen kannst du helfen?

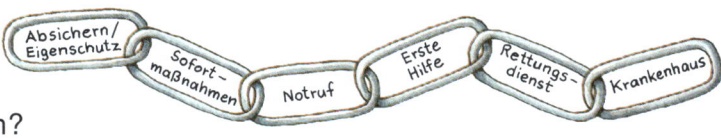

Übrigens

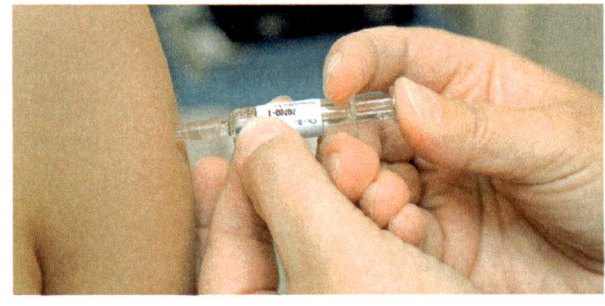

Bereits bei der kleinsten Verletzung besteht die Gefahr einer Tetanus-Infektion. Nur die Impfung schützt gegen dieses Bakterium!
– Schaue in deinem Impfpass nach, wann die letzte Tetanus-Impfung war.
– Frage auch deine Eltern, ob sie einen Impfschutz haben. Alle zehn Jahre sollte man sich nachimpfen lassen.

Entstehung der Jahreszeiten

Im Laufe eines Jahres verändern sich bei uns die Landschaften sehr deutlich. Im Frühling sind andere Dinge zu beobachten und zu entdecken als im Sommer, Herbst oder Winter. Besonders die Pflanzen zeigen uns an, welche Jahreszeit gerade herrscht.

Wie aber entstehen die Jahreszeiten? Die auf den Bildern eingezeichnete Sonne zeigt es. Der Tagbogen der Sonne von Ost nach West verändert sich. Im Laufe eines Jahres wird die Dauer des Sonnenscheins pro Tag länger oder kürzer.

Im Winter steht die Sonne tief über dem Horizont. Sie scheint flach auf die Erde und erwärmt sie kaum. Es ist kalt.
Im Sommer steht die Sonne hoch über dem Horizont. Sie scheint steil auf die Erde und erwärmt sie kräftig. Es ist warm.

1 Vergleiche die Tagbögen der Sonne.

2 Rechne aus, wie lange die Sonne an den vier dargestellten Tagen jeweils über dem Horizont steht.

3 Erkläre, warum es im Sommer wärmer und im Winter kälter ist.

Wetterberichte und Wetterstationen

Wetterstation

Windmesser

Regenmesser

Satellit im All

Satellitenbild

Viele Menschen sind vom Wetter abhängig und auf Wettervorhersagen angewiesen. Meteorologen sind Fachleute, die mit modernen technischen Geräten das Wetter erforschen. Viele Messungen und Berechnungen werden durchgeführt, um das Wetter vorherzusagen. Wettersatelliten im Weltraum beobachten das Wetter. Sie senden Fotos und Wetterdaten zur Erde. Unwetter können dadurch rechtzeitig erkannt werden.

Die Informationen von Wettersatelliten und Wetterstationen werden in Wetterämtern gesammelt und in Computern gespeichert. Mit dem Computer werden die Wetter-vorhersagen erstellt und die Wetterkarten gezeichnet. Die Bestandteile des Wetters werden durch Symbole dargestellt. Die Winde werden immer nach der Himmels-richtung benannt, aus der sie kommen. Die Pfeilspitze zeigt in die Richtung, in die der Wind weht.

1 Betrachte die Wetterkarte.
Formuliere eine Wettervorhersage
a) für Dresden,
b) für Deutschland.
Triff dabei Aussagen zu Temperatur, Bewölkung, Niederschlag und Wind.

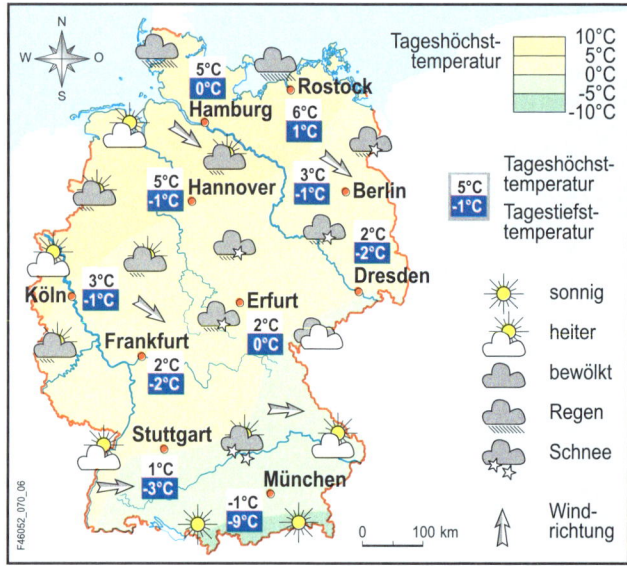

■ Wasser kann auch gasförmig sein, Seite 108
■ Wasser geht nicht verloren, Seite 110/111
○ Lernsoftware: Nr. 2 bis 6

Folgen eines Unwetters

2 Finde heraus, wofür Wettervorhersagen besonders bedeutsam sind.

Regenmesser

1 Für den Regenmesser verwendet ihr z. B. ein Glas mit geraden Wänden und einem ebenen Boden.

2 Stellt euren Regenmesser etwa einen Meter über dem Boden mit genügend Abstand zu Bäumen und Häusern auf.

Windstärkemesser

Windrichtung

Draht

10 cm

Reißzwecke

Holzlatte (ca. 40 cm)

1 Zeichnet auf ein quadratisches Stück Pappe eine gebogene Linie. Teilt sie als Skala in gleiche Abstände ein.

2 Befestigt die Pappe mit Reißzwecken an der Latte.

3 Schlagt vorsichtig einen etwa 8 cm langen Nagel in die Latte.

4 Schneidet aus Pappe ein Rechteck zu und locht es an einer Seite. Hängt das Pappstück mit Draht an den Nagel.

Übrigens

Dumpfes Grollen, grelle Blitze und krachende Donner eines Gewitters wirken bedrohlich. Die Blitze sind elektrische Entladungen zwischen Wolken und Erde. Du musst dich nicht vor einem Gewitter fürchten, wenn du weißt, wie du dich richtig bei Gewitter verhältst. Wenn ein Gewitter droht, bleibe im Haus. Dort ist es am sichersten. Auch in einem Auto mit festem Dach und geschlossenen Türen bist du sicher. Wenn dich ein Gewitter im Freien überrascht, solltest du einzeln stehende Bäume und Erhebungen meiden. Suche dir eine Mulde oder Vertiefung. Stelle deine Füße dicht nebeneinander. Geh in Hockstellung und lege die Arme dicht um die Beine. Begib dich immer allein in diese Schutzstellung, nie mit anderen.

Wasser kann auch gasförmig sein

Wir können Wasser nur im festen oder flüssigen Zustand mit unseren Augen wahrnehmen. Dunst, Nebel oder Wolken bestehen aus sehr kleinen Wassertröpfchen, gasförmiges Wasser ist nicht sichtbar. Wie Wasser seine Zustandsform ändert, kannst du beobachten. Gasförmiges Wasser ist unsichtbar in deiner Atemluft enthalten. Durch den Kontakt mit einer kalten Oberfläche, z. B. ein Spiegel, wird das gasförmige Wasser wieder flüssig und sichtbar. Der Übergang von der gasförmigen in die flüssige Zustandsform wird Kondensieren genannt. In der Natur geht Wasser ständig vom flüssigen in den gasförmigen Zustand über. Diesen Vorgang nennt man Verdunsten.

Versuch 1

1 Nimm einen Spiegel und hauche ihn an. Beobachte die Oberfläche des Spiegels. Erkläre, was mit dem Wasser passiert.

Versuch 2

Du brauchst: zwei Schalen, Wasser, eine Plastiktüte mit Verschluss.

1 Fülle zwei Schalen mit der gleichen Menge Wasser. Stelle eine Schale in einen Plastikbeutel und verschließe ihn. Stelle beide Schalen in die Sonne oder in die Nähe einer Heizung.
2 Vermute, was passieren wird.
3 Beobachte den Versuch drei Tage. Notiere deine Beobachtungen.

Versuch 3

Du brauchst: einen Teller, ein Glas Wasser, einen wasserfesten Stift.

1 Fülle in beide Gefäße die gleiche Menge Wasser und stelle sie in die Sonne oder in die Nähe einer Heizung. Markiere mit einem wasserfesten Stift den Wasserstand.
2 Vermute, wie lange es dauert, bis das Wasser verdunstet ist.
3 Beobachte den Versuch täglich. Schreibe jede Veränderung auf.

● M 11 Einen Versuch planen und durchführen, Seite 10
■ Wasser geht nicht verloren, Seite 110/111
▶ Arbeitsheft: Seite 41
○ Lernsoftware: Nr. 42

Trinkwasser muss sauber sein

Unser Trinkwasser muss geschützt werden. Verunreinigungen, die sich einmal im Wasser befinden, lassen sich nur mit viel Aufwand und Geld wieder entfernen. Deshalb werden bei uns die Gebiete geschützt, wo Trinkwasser gewonnen wird. Sie werden Wasserschutzgebiete genannt.

Autos dürfen überall nur in Waschanlagen gewaschen werden!

1 Die Fotos zeigen, was in einem Wasserschutzgebiet verboten ist. Erkläre.

Übrigens

Wenn du in einem Natursee badest, verwende keine Seife und kein Shampoo, um dich zu waschen. Das Wasser wird sonst stark verschmutzt. Gehe nur ins Wasser, wenn das Sonnenöl vollständig eingezogen ist. Am besten benutzt du ein wasserfestes Sonnenöl. Es schadet dem Gewässer am wenigsten.

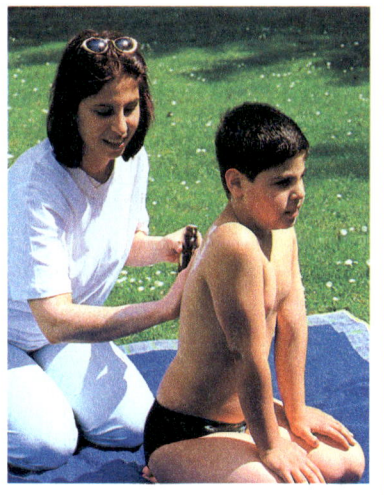

● M 8 Ein Bild auswerten, Seite 9   ▪ Wasser geht nicht verloren, Seite 110/111

Wasser geht nicht verloren

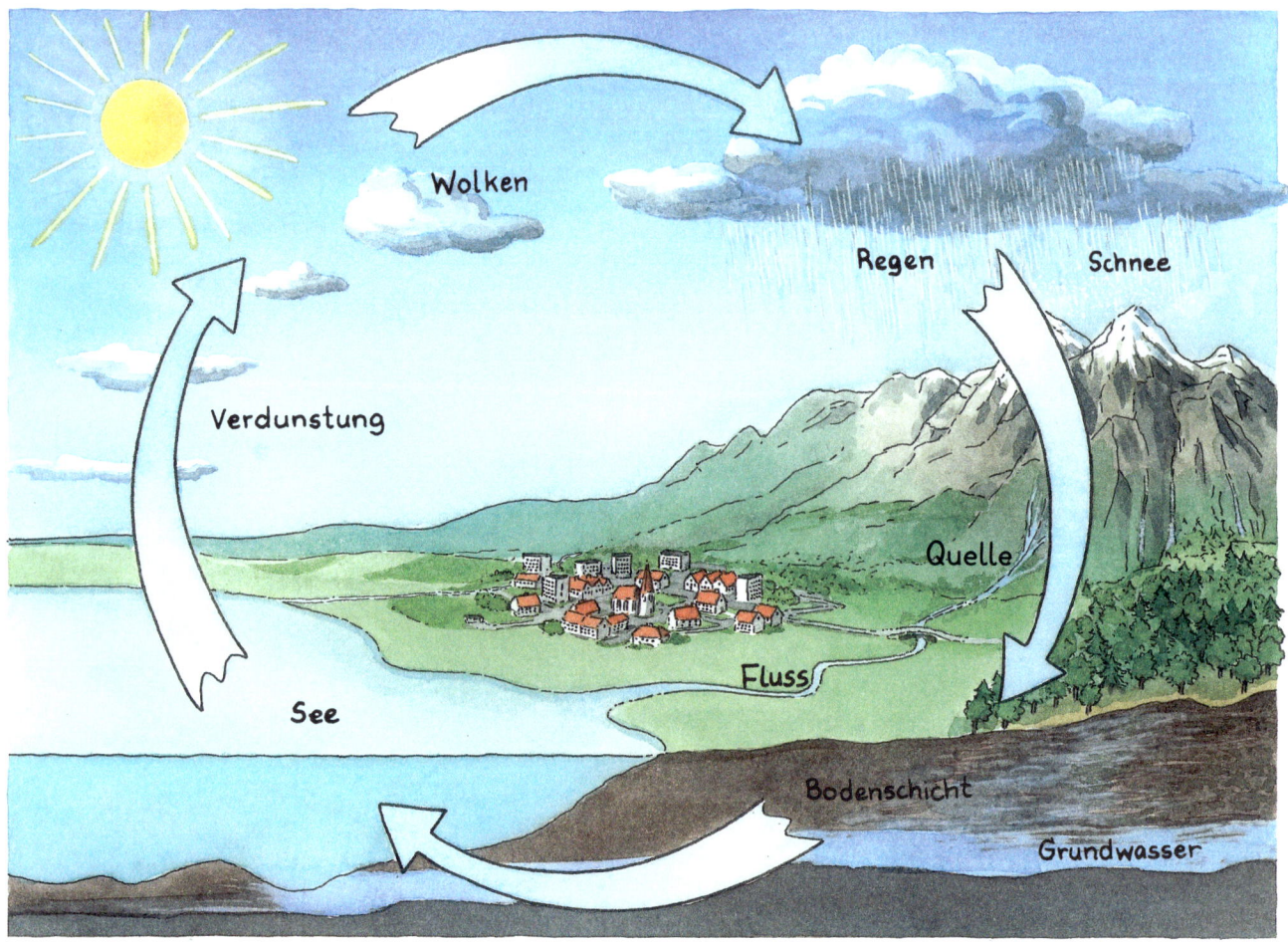

Du hilfst beim Aufhängen der Wäsche. Sie fühlt sich nass und schwer an. Nach einigen Stunden ist die Wäsche getrocknet und leichter geworden. Was ist geschehen? Durch den Einfluss der Sonnenwärme verdunstete das Wasser in der Wäsche.

Überall auf der Erde verdunstet ständig Wasser. Nicht nur aus den Meeren, Seen und Flüssen steigt gasförmiges Wasser (Wasserdampf) auf, sondern von allen feuchten Flächen. Einige trocknen dabei aus, wie zum Beispiel Pfützen auf der Straße.

Aus dem Wasserdampf werden wieder sehr kleine Wassertropfen. Sie bilden Wolken. Aus den Wolken gelangt das Wasser als Niederschlag wieder auf die Erde.

Das Regenwasser sammelt sich in Rinnsalen, Bächen, Flüssen und Seen. Alle Bäche und Flüsse fließen dem Meer zu. Dieses Wasser bildet das Oberflächenwasser, das wir sehen können.

Vom gesamten Wasser der Erde geht kein einziger Tropfen verloren. Es befindet sich immer im dargestellten Kreislauf.

1 Beschreibe, wie das Wasser vom Meer in die Wolken gelangt.

2 Wie gelangt das Wasser wieder auf die Erde?

3 Verfolge und beschreibe den Weg des Wassers von der Quelle bis zum Meer.

4 Skizziere und erkläre den Kreislauf des Wassers.

5 Begründe, warum kein einziger Tropfen Wasser der Erde verloren geht.

● M 8 Ein Bild auswerten, Seite 9
● M 9 Eine Skizze anlegen, Seite 10
● M 11 Einen Versuch planen und durchführen, Seite 10
■ Wasser kann auch gasförmig sein, Seite 108

Grundwasser und Quellen

Ein großer Teil des Regenwassers versickert im Boden. Dort wird das Wasser von den Pflanzen aufgenommen oder dringt in immer tiefer liegende Bodenschichten ein. Die Zeichnung zeigt einen Schnitt durch verschiedene Bodenschichten: Humus, Sand, Kies, Ton. Manche Bodenschichten lassen das Wasser hindurch. Andere Bodenschichten sind wasserundurchlässig. Über diesen sammelt sich das Regenwasser als Grundwasser. An manchen Stellen tritt es in Quellen wieder ans Tageslicht.

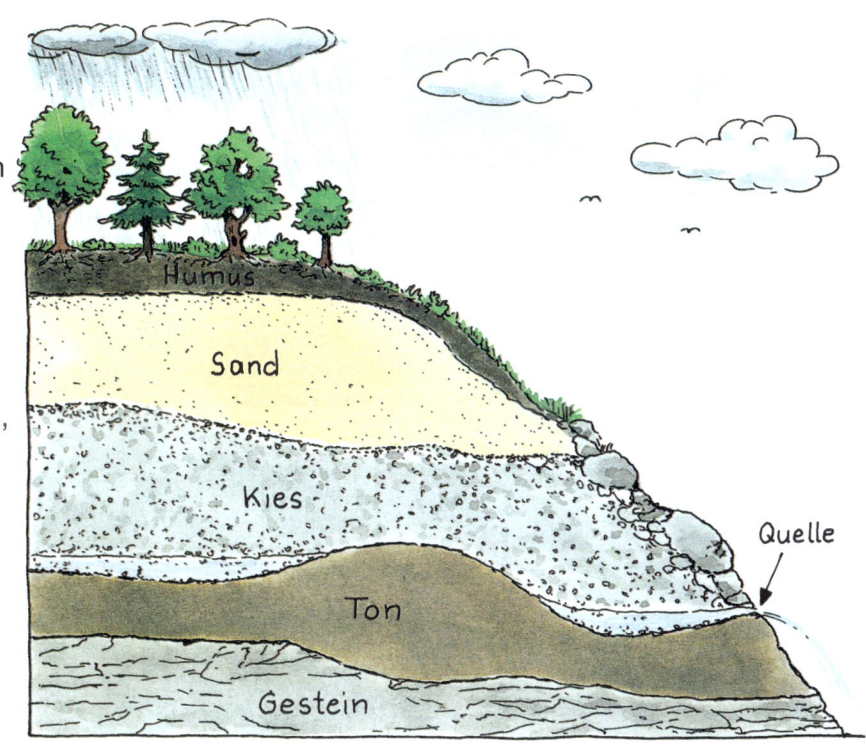

Im Bodenlabor

Ihr braucht: einen Blumentopf, Humus, Sand, Kies, Ton, ein Einmachglas und ein Gefäß mit Wasser.

1 Überprüft nacheinander die Wasserdurchlässigkeit der verschiedenen Bodenarten.

Quellenmodell

1 Baut ein Quellenmodell. Am besten gelingt es mit einem schmalen Gefäß aus Plexiglas. Die Seitenteile sind aus Holzleisten. An einer Seite werden in gleichen Abständen Löcher gebohrt.

2 Füllt die verschiedenen Bodenarten in beliebiger Reihenfolge Schicht für Schicht ein. Vermutet, wo die „Quelle" entstehen wird. Gießt Wasser oben in das Modell und beobachtet.

▶ Arbeitsheft: Seite 41, 42   ○ Lernsoftware: Nr. 43

Die Feuerwehr

Helm mit Nackenschutz
Arbeitshandschuhe
Beil
Sicherheitsgurt
Atemmaske
feste Stiefel

Ein Tanklöschfahrzeug enthält alles, was zum Löschen gebraucht wird. Im Inneren befindet sich ein gefüllter Wassertank. So können einige Feuerwehrleute sofort anfangen zu löschen. Andere sorgen schnell für mehr Wasser. Sie schließen Schläuche über einen Hydranten an die Wasserleitung an. Oft wird Wasser durch eine Schlauchleitung aus einem Gewässer herangepumpt.

1 Nenne Möglichkeiten, wie die Feuerwehrleute an Löschwasser gelangen.

Feuerwehrleute sind gut ausgebildet. Sie üben regelmäßig. Alle haben ihre eigene Ausrüstung: Schutzanzug, Helm mit Nackenschutz, Arbeitshandschuhe und feste Stiefel. Weitere Gegenstände sind nötig. Feuerwehrleute müssen sich vor Rauch schützen, sich gegen Abstürze sichern, sich oder andere abseilen oder den Weg freischlagen können.

2 Nenne Ausrüstungsgegenstände eines Feuerwehrmannes. Wozu werden sie benötigt?

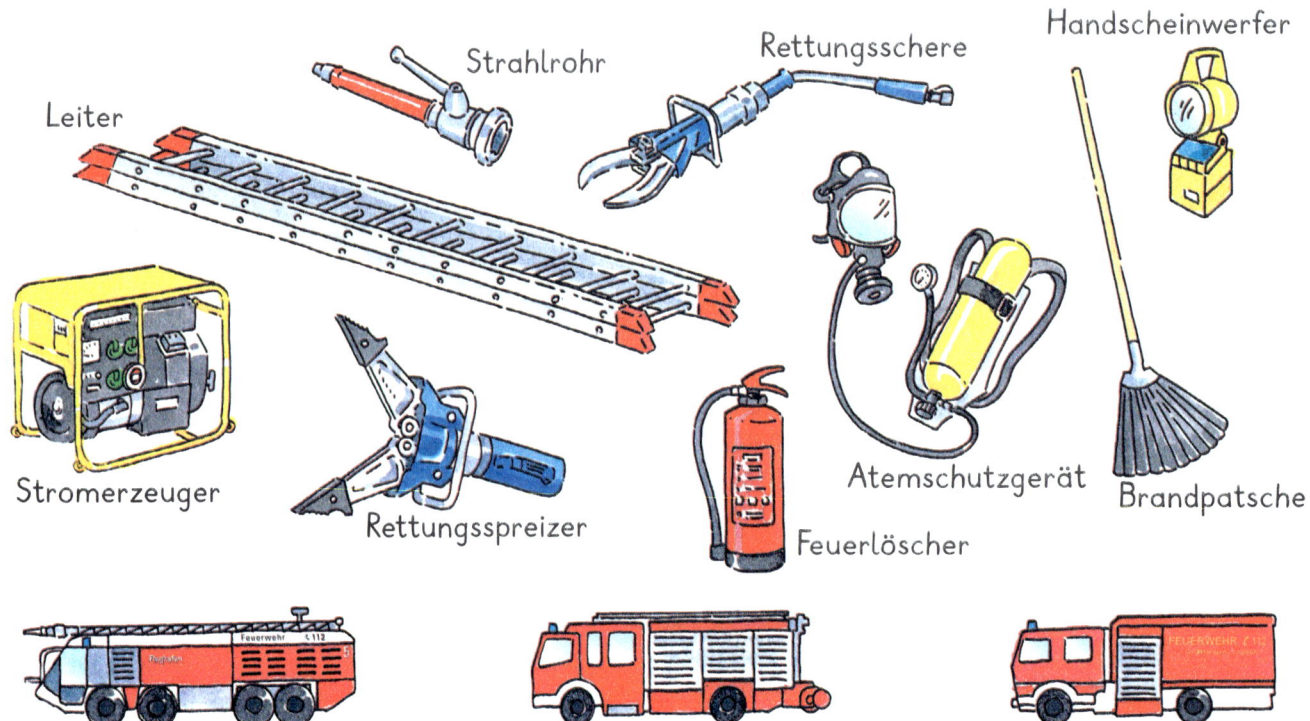

Leiter
Strahlrohr
Rettungsschere
Handscheinwerfer
Stromerzeuger
Rettungsspreizer
Feuerlöscher
Atemschutzgerät
Brandpatsche

Retten: Ein Autounfall ist passiert. Der verletzte Fahrer ist im Fahrzeug eingeklemmt. Die Feuerwehrleute befreien ihn aus der gefährlichen Situation.

Löschen: Brände zu löschen ist die bekannteste Aufgabe der Feuerwehrleute. Sie lernen in ihrer Ausbildung, wie man die verschiedenen Feuer bekämpft.

Bergen: Verunglückte Fahrzeuge werden von der Feuerwehr geborgen. Mit einer starken Seilwinde wird das Auto wieder auf die Straße gezogen.

Schützen: Bei Überschwemmungen bauen die Feuerwehrleute mit Sandsäcken Dämme auf. So schützen sie die Häuser vor Schäden.

Übrigens

Wenn früher ein Brand ausbrach, mussten alle verfügbaren Leute beim Löschen helfen. Vom Brandort bis zum nächsten Brunnen oder Gewässer wurde eine Menschenkette gebildet. Die gefüllten Eimer wurden zum Brand, die leeren zur Wasserstelle von Hand zu Hand weitergereicht. Später gab es Pferdewagen mit einfachen Pumpen.

Heute gibt es in großen Städten Berufsfeuerwehren. Die meisten Feuerwehrleute sind aber ehrenamtlich tätig. Neben ihrem Beruf setzen sie sich bei Bränden oder anderen Notfällen freiwillig für Leben und Besitz anderer ein.

Heizen und isolieren

Schon immer mussten sich die Menschen im Winter vor Kälte schützen.
Da warme Kleidung allein nicht ausreichte, mussten Wärmequellen entdeckt werden. Zunächst sorgten Lagerfeuer in den Höhlen der Urmenschen für ein wenig Wärme. Als die Menschen dann in Häusern wohnten, erwärmte das Feuer im Kamin den Raum. Später wurden Öfen erfunden. Sie erwärmten die Räume besser und benötigten weniger Brennmaterial. Auch die Brandgefahr war nicht mehr so groß.

Heute werden die meisten Wohnungen und Häuser mit einer Zentralheizung geheizt. Meistens wird Öl oder Erdgas in einem Brennkessel verbrannt und dabei Wasser erhitzt. Das heiße Wasser wird mit einer Pumpe in die einzelnen Heizkörper gepumpt. Dort erwärmt das Wasser die Räume und kühlt ab. Das abgekühlte Wasser fließt zurück und wird erneut erhitzt.

ROT	= warmes Wasser
BLAU	= kaltes Wasser

1 Berichte, auf welche Weise früher geheizt wurde.

2 Beschreibe wie die Zentralheizung funktioniert.

Genauso wichtig wie das Heizen ist, dass die Wärme in den Räumen bleibt.

Heute werden deshalb Häuser mit Wärme-dämmung und wärmedämmenden Fenstern gebaut. Man sagt auch, die Häuser haben eine Wärme-Isolierung.

Aus einem gut isolierten Haus gelangt im Winter nur wenig Wärme nach draußen.

Im Sommer gelangt nur wenig Wärme von draußen in das Haus hinein.

Übrigens

Nahrungsmittel müssen gekühlt werden, damit sie nicht schnell verderben. Heute haben wir dafür Kühlschränke und Gefrier-schränke. Die drei Bilder zelgen, wie die Menschen früher ihre Lebensmittel gekühlt haben.

Das habe ich gelernt

In diesem Sachbuch darf nicht geschrieben oder gezeichnet werden!
Notiere daher in deinem Heft die Überschrift dieser Seite, die Nummer und den
Buchstaben der Aufgabe und dahinter deine Antwort.

1

A Notiere die Namen der
Tiergruppen. Schreibe
hinter jede Gruppe
ein oder zwei Wiesen-
bewohner:
Säugetiere:
Insekten:
Spinnen:
Weichtiere:

B Finde die Namen von
vier Wiesenpflanzen.
Füge die Silben zu-
sammen:
**Hah – Ka – Schaf – Wie
– be – fuß – gar – klee
– le – mil – nen – sen**

C Bei uns werden hauptsächlich fünf Getreide-
arten angebaut. Die
Anfangsbuchstaben
helfen dir:
**Ro – Ha – Ge –
We – Ma**

2 In jedem Kasten steht ein Begriff, der nicht zu den anderen passt. Notiere ihn.

D – Weizen
– Reis
– Mais
– Kartoffel

E – Knolle
– Ähre
– Auge
– Beere

F – Eier
– Puppe
– Gehäuse
– Raupe

G – zäh
– fest
– flüssig
– gasförmig

3 Die Abbildungen zeigen zwei Getreidepflanzen.

Welche Getreidepflanzen sind hier
abgebildet? Notiere ihre Namen nebeneinander. Schreibe darunter die jeweiligen
Nummern und dahinter die passenden
Pflanzenteile. Die Anfangsbuchstaben
helfen dir.

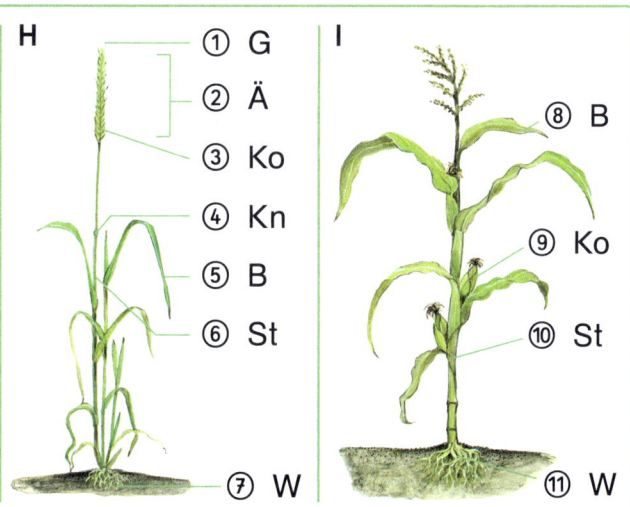

H
① G
② Ä
③ Ko
④ Kn
⑤ B
⑥ St
⑦ W

I
⑧ B
⑨ Ko
⑩ St
⑪ W

4 Prüfe die Richtigkeit der Sätze. Notiere die fünf richtigen Aussagen.

J – Auf der Erde geht kein Tropfen
Wasser verloren.
– Der Weizen hat sehr lange Grannen.
– Die Beeren der Kartoffel sind giftig.
– Der Regenwurm liebt das Tageslicht.
– Die Raupen von Schmetterlingen
häuten sich mehrmals.

K – Die Ackerschnecke hat ein Gehäuse.
– Reis und Hirse sind Getreidearten.
– Blattläuse fressen Marienkäfer.
– Auf einer Wiese wachsen Blumen und
Gräser.
– Wasser im gasförmigen Zustand ist
sichtbar.

Historischer Bereich

In einem Museum kann man viel über das Leben der Menschen früher erfahren. Überlege, wo du außerdem noch Informationen über die Vergangenheit finden könntest.

Früher mussten auf den Bauernhöfen alle mitarbeiten. Erkunde, welche Arbeiten die Kinder erledigen mussten.

Noch vor 70 Jahren konnten viele Menschen nur mit der Eisenbahn reisen. Nenne weitere Verkehrsmittel, die du heute nutzen kannst.

- M 4 Einen Text im Schulbuch auswerten
- M 6 Einen Lernort erkunden
- M 12 Eine Zeitleiste anlegen
- M 13 Mit einer Zeitleiste arbeiten

Die Zeit vergeht

1. Die Klasse beschäftigt sich mit dem Thema „Wie war es früher?"

Ja, so vergeht die Zeit. Die hast du vor acht Jahren getragen.

2. Am Wochenende stöbert Anna mit ihren Eltern bei Uroma und Uropa auf dem Speicher. In Kisten und Schubladen finden sie viele Sachen von früher. Einige nehmen sie mit. Anna hat viele Fragen.

3. Uroma erklärt Anna, dass sie im ersten und zweiten Schuljahr mit einem Griffel auf eine Schiefertafel schrieb.

4. In einem Fotoalbum zeigt Uroma ihrer Enkelin Bilder von früher. Anna wundert sich über die Kleidung.

5. „Wenn unsere Schuhe kaputt waren, hat mein Vater sie selbst repariert. Wir hatten damals nicht genug Geld, um die Arbeit vom Schuster machen zu lassen."

Das erzählt Uropa und erinnert sich an vieles aus seiner Kindheit. Er berichtet von seinen Lieblingsspielen und beantwortet Annas Fragen.

6. Am nächsten Tag sucht Anna daheim mit ihrer Mutter Sachen zusammen, die an Ereignisse aus ihrem Leben erinnern. Diese Dinge will sie in der Schule vorstellen. Auch Fotos und ihr erstes selbst gemaltes Bild aus dem Kindergarten nimmt Anna mit.

● M 12 Eine Zeitleiste anlegen, Seite 11
● M 13 Mit einer Zeitleiste arbeiten, Seite 11

Krankenhaus

Kindergarten

Nordsee

Kindergarten-Ausflug

1   2   3   4   5   6   7   8   Jahre

Meister-Brief

ROLF

Torsten

Kerstin

25 SILBER-HOCHZEIT

1940   Krieg →   1950 |← Lehre →| 1960   1970   Urlaub 1980   1990   2000
Geburt |← Schule →| Moselfahrt   Kinder   Firm   gegründet eig. Haus   1.Enkelin Anna   Tod von Uroma

Anna gestaltet mit ihren Gegenständen eine Zeitleiste. Sie bittet ihren Uropa mit seinen Sachen das Gleiche zu tun.
An Uropas Zeitleiste stehen Jahreszahlen. Die Jahresstriche sind dichter zusammen als bei Annas Zeitleiste, sonst hätte nur ein Teil aus seinem Leben gezeigt werden können.

1   Zähle Ereignisse aus Annas Leben auf.

2   Nenne Ereignisse aus Uropas Leben.

3   Vergleiche die ersten acht Jahre auf beiden Zeitleisten.

Wir erzählen historische Ereignisse

1   Gestalte deine eigene Zeitleiste von der Geburt bis heute.

2   Sammle dafür Gegenstände und Bilder.

3   Befrage deine Eltern und Großeltern zu Ereignissen aus deinem Leben. An welche kannst du dich gut erinnern?

4   Wähle ein Ereignis auf deiner Zeitleiste aus. Erzähle darüber.

Die Geschichtswerkstatt

Aus der Ortsgeschichte

Welche Fundstücke und Bauwerke aus der Vergangenheit gibt es in deinem Ort?

1 Entdeckt die Geschichte eures Schulortes. Plant eine Geschichtswerkstatt.

2 Sucht Bilder und Bücher, die über euren Heimatort von früher erzählen.

● M 6 Einen Lernort erkunden, Seite 8
● M 12 Eine Zeitleiste anlegen, Seite 11
● M 13 Mit einer Zeitleiste arbeiten, Seite 11

Ordne die Fundstücke und Bauwerke auf einer Zeitleiste an.

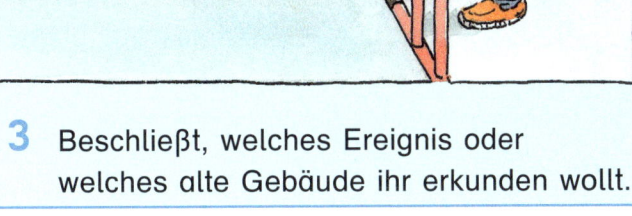

3 Beschließt, welches Ereignis oder welches alte Gebäude ihr erkunden wollt.

4 Überlegt, wie ihr vorgehen könntet. Welche Erkundungsformen eignen sich?

Leben auf dem Lande früher

Früher wohnten viel mehr Menschen auf dem Land als heute. Es gab einige reiche Bauern mit großen Höfen. Aber die meisten Menschen waren sehr arm. In kleinen Häusern lebte die ganze Familie sehr beengt beieinander.

In den alten Bauernhäusern waren außer den Menschen auch die Tiere, Arbeitsgeräte und die Vorräte unter einem Dach untergebracht. Im Sommer wurden die Arbeiten draußen vor dem Haus erledigt. Im Winter wärmten sich alle in der Küche am offenen Feuer, der einzigen Feuerstelle im Haus.

„Ich heiße Willi und bin neun Jahre alt. Mein Vater ist Bauer mit einem sehr kleinen Bauernhof. In unserem Haus leben viele Menschen. Ich schlafe zusammen mit meinen zwei Brüdern in einem Bett im Schlafzimmer meiner Eltern. Meine zwei Schwestern schlafen zusammen mit Oma in einem anderen Zimmer. In einer ganz kleinen Kammer wohnt meine Tante.

Die Erwachsenen haben den ganzen Tag etwas zu tun. Aber auch wir Kinder haben viele Aufgaben. Schon vor der Schule muss ich das Feuerholz hereinholen. Später bringe ich die Ziegen auf die Weide. Mein Schulweg ist etwa drei Kilometer lang. Ich gehe zu Fuß, im Sommer am liebsten barfuß, weil meine Holzschuhe nicht so bequem sind."

● M 6 Einen Lernort erkunden, Seite 8 ▸ Arbeitsheft: Seite 43

„Ich heiße Dora und bin fast elf Jahre alt. Ich kann meiner Mutter schon viel helfen. Wir stehen morgens vor sechs Uhr auf. Meine erste Aufgabe ist es dann, Wasser ins Haus zu holen. Dabei wasche ich mich gleich am Brunnen. Wenn mein Bruder Willi das Feuerholz hereinbringt, mache ich im Küchenherd das Feuer an. Ich setze einen großen Topf mit Wasser auf den Herd. Bis das Wasser heiß ist, habe ich Zeit, unsere Ziegen zu melken. Die Milch können wir zum Frühstück trinken. Es gibt bei uns fast immer Gerstengraupen-Brei in Buttermilch gekocht. Ich muss den Brei für uns nur etwas auf dem Herd anwärmen, weil wir ihn schon auf Vorrat in großen Portionen gekocht haben. Nach dem Abwaschen des Geschirrs helfe ich meiner Mutter noch schnell. Wir stellen den großen Topf mit eingeweichter Kochwäsche auf den Herd. Heute ist nämlich Waschtag. Wenn ich aus der Schule heimkomme, werde ich noch viel zu tun haben."

1 Vergleicht den Tagesablauf der beiden Kinder mit eurem eigenen.

In vielen Gegenden könnt ihr alte Bauernhäuser und Heimatmuseen besichtigen.

1 Erkundigt euch, wo es in eurer Nähe ein Museumsdorf oder ein Heimatmuseum gibt.

2 Plant eine Exkursion dorthin.

3 Erforscht, wie die Bauern dort früher lebten.

Getreideernte früher und heute

Es gab vor 100 Jahren für die Arbeit auf den Feldern keine oder nur wenige Maschinen. Die meisten Äcker waren damals kleiner als heute. Viele Menschen waren für die Getreideernte nötig, denn fast alles wurde von Hand gemacht. Die gesamte Bauernfamilie, Knechte und Mägde mussten mithelfen. Die Arbeit war schwer.

Wenn das Getreide reif war, wurden die Halme mit der Sense knapp über der Erde abgemäht ①. Diese sehr anstrengende Arbeit erledigten die Männer.

Die Frauen nahmen die abgeschnittenen Halme auf und formten daraus Bündel ②. Geschickt knoteten sie einige Halme um die Mitte des Bündels. So entstanden die Garben. Mit den Ähren nach oben wurden die Garben zum Trocknen aufgestellt ③.

Später wurden die Garben auf einen Pferdewagen geladen ④ und in die Scheune des Bauernhofes gebracht. Dort lagerten sie bis zum Spätherbst oder Winter.

Dann wurden die Garben aus der Scheune geholt und die Halme mit den Ähren auf dem Dreschplatz ausgebreitet. Mit Dreschflegeln aus Holz schlugen die Männer die Körner aus den Ähren ⑤.

Das Dreschen, Reinigen und Sieben geschah später durch Maschinen. Große Dreschmaschinen wurden eingesetzt ⑥, die von

Dampfmaschinen oder Elektromotoren angetrieben wurden.

1 Nenne die einzelnen Arbeitsschritte, die früher bei der Getreideernte nötig waren. Vergleiche sie mit der Getreideernte heute.

■ Die Geschichtswerkstatt, Seite 120/121 ▶ Arbeitsheft: Seite 44

Heute wird das reife Getreide mit Mäh-
dreschern geerntet. Sie können in einem
Arbeitsgang viele Arbeitsschritte erledigen.
Ein Mähdrescher mäht zuerst die Getreide-
halme ab. In der Maschine werden die
Körner aus den Ähren gedroschen und in
einem Tank gesammelt. Regelmäßig leert
der Mähdrescher den Körnertank über ein
Rohr auf einen Anhänger.
Das Stroh wird auf den Acker gestreut. Man
kann daraus später Strohballen pressen
oder es unterpflügen.

Große Mähdrescher können nur auf großen
Feldern sinnvoll eingesetzt werden. Sie
sparen viel Zeit und viele Arbeitskräfte ein.

Übrigens

Heute mäht ein Mähdrescher in einer
Stunde eine große Fläche ab.

Vor 100 Jahren hätten 170 Männer mit
Sensen eine Stunde arbeiten müssen,
um die gleiche Fläche abzumähen.

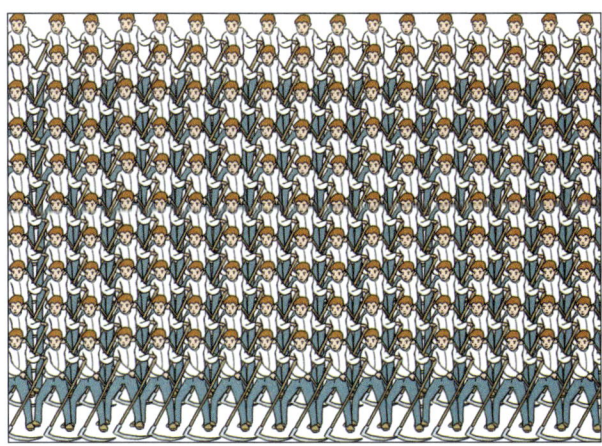

Einkaufen früher

Früher wurden viele Lebensmittel selbst erzeugt und mussten nicht eingekauft werden. Wer einen Garten hatte, baute Gemüse und Kartoffeln an, statt Blumenbeete und Rasen zu pflegen. Äpfel, Birnen, Pflaumen oder Kirschen wurden von den eigenen Obstbäumen geerntet. Wer sich Hühner, Schafe, Ziegen, Schweine oder Kühe halten konnte, brauchte Eier, Fleisch und Milch nicht zu kaufen. Dennoch gab es viele Kaufmannsfamilien. Sie hatten einen kleinen Raum in ihrem Haus als Laden eingerichtet. Machte ein Kunde die Ladentür auf, bimmelte eine Glocke und der Kaufmann kam aus der Wohnung in den Laden. Hier standen die Waren meist lose in großen Vorratsbehältern. Sie mussten für die Kunden abgefüllt und verpackt werden. Manches, was wir heute kaufen, gab es früher nicht: Tiefkühlkost, Fertiggerichte in Dosen, Cornflakes, Kaugummi. Die Preise der Waren musste der Kaufmann nach der Masse erst ausrechnen. Sie wurden auf einem Block notiert und addiert. Jeder Kaufmann musste ohne Maschine gut rechnen können. Zum Einkaufen hatten die Leute mehr Zeit als heute. Man redete miteinander und tauschte Neuigkeiten aus. Der Kaufmann kannte alle Kunden persönlich. Deshalb war es nicht schlimm, wenn ein Kunde sein Geld vergessen hatte. Er ließ den Betrag aufschreiben und bezahlte später. Viele kleine Läden hatten keine festen Öffnungszeiten. Man konnte auch abends oder am Sonntag etwas einkaufen.

Ein Kaufmann brauchte früher eine Waage mit Gewichten, eine Handschaufel und Papiertüten. Trockene Lebensmittel wie Mehl oder Salz wurden in Schubladen oder Dosen gelagert. Für die Kunden wurden diese Waren in Papiertüten abgefüllt.

1 Welche Lebensmittel wurden im Laden früher abgewogen?

In großen Kannen, Töpfen oder Fässern gab es Lebensmittel, die flüssig waren oder in Flüssigkeit lagen. Mit einer Schöpfkelle füllte der Kaufmann sie in kleine Behälter. Häufig wurde mithilfe eines Zapfhahnes zum Beispiel Essig oder Bier in eine Flasche oder einen Krug abgefüllt.

2 Was wurde außer Milch noch abgefüllt?

■ Die Geschichtswerkstatt, Seite 120/121
■ Leben auf dem Lande früher, Seite 122/123

Meist brachten die Kunden Gefäße mit, in denen sie die eingekauften Lebensmittel nach Hause trugen. Der Kaufmann füllte zum Beispiel das Sauerkraut in die Schüssel des Kunden ab. Andere Kunden brachten verschließbare Gläser oder Kannen mit. Es gab keine Tragetaschen aus Stoff oder Plastiktüten.

3 Für welche Waren brachten die Kunden selbst eine Verpackung mit?

Einkaufen früher

Spielt im Rollenspiel das Einkaufen von Mehl, Milch und Sauerkraut früher.

1 Was hättet ihr mitnehmen müssen?

2 Was hättet ihr im Laden mit dem Kaufmann gesprochen?

3 Wie kauft ihr Mehl, Milch und Sauerkraut heute ein? Nennt Unterschiede zum Einkaufen früher!

Aus der Geschichte des Rades

Am Anfang der Geschichte des Rades stand der runde Baumstamm. Die Menschen rollten schwere Lasten auf Baumstämmen. Man nimmt an, dass das erste Rad eine abgesägte Baumscheibe war. Der Nachteil dieses Rades war, dass es bei Belastung rissig wurde und leicht zerbrach.

Vor 5000 Jahren erfanden die Sumerer das Scheibenrad. Es war viel stabiler als das Baumscheibenrad. Beim Scheibenrad ließen sich einzelne Teile ersetzen, wenn sie abgenutzt oder beschädigt waren.

Die Römer benutzten schon vor mehr als 2000 Jahren einfache Speichenräder. Diese waren leichter, haltbarer und man konnte schneller damit fahren. Später bauten Wagner die Wagen und setzten die Holzräder zusammen. Schmiede umgaben die Räder mit einem Reifen aus Eisen.

1885 bauten die beiden Ingenieure Carl Friedrich Benz aus Mannheim und Gottlieb Daimler aus Stuttgart/Cannstatt unabhängig voneinander die beiden ersten Automobile. Die großen Speichenräder waren aus Stahl und rollten auf Vollgummireifen.
Luftgefüllte Reifen gab es erst 1888 für Fahrräder, 1895 auch für Autos.

■ Das verkehrssichere Fahrrad, Seite 50   ▶ Arbeitsheft: Seite 45

Heute benutzt man auch andere Werkstoffe zum Bau von Rädern. Die Räder der Autos haben keine Speichen mehr, sondern gelochte Scheiben. Manche Räder sind aus Aluminium. Die modernen Räder rollen leichter.

1 Vergleiche die verschiedenen Räder miteinander.

Die Geschichte des Fahrrades

① Im Jahre 1817 erfand Freiherr von Drais das Laufrad: die Draisine. Damit war er viermal schneller als ein Fußgänger und sogar schneller als die Postkutsche. Auf dem Laufrad saß man wie auf einem Pferd und stieß sich mit beiden Füßen vom Boden ab.

② In den Jahren 1851 bis 1855 wurde die Tretkurbel erfunden. Sie war an der Achse des Vorderrads befestigt. Um schneller vorwärtszukommen, wurde das Vorderrad vergrößert. Aus dem Laufrad entwickelte sich so das Fahrrad.

③ Zwischen 1860 und 1890 entstand das Hochrad. Um noch schneller fahren zu können, wurde das Vorderrad immer weiter vergrößert. Es war schwierig und gefährlich, auf dem Hochrad zu fahren.

④ 1869 baute der Engländer Lawson das erste moderne Fahrrad mit Pedalen, Kette und Hinterradantrieb. Das Vorderrad musste nicht mehr größer sein. Dieses Rad war sicherer und ließ sich gut fahren.

○ Lernsoftware: Nr. 51

Unterwegs – früher und heute

Uroma erzählt: „Früher ist fast jeder zu Fuß zum Einkaufen gegangen. Der Metzger, der Bäcker und der Milchladen waren nicht weit von unserer Wohnung entfernt. Die Einkaufstaschen waren oft ziemlich schwer. Damals hatten wir nur ein kleines Radio, einen Fernseher konnten wir uns erst viele Jahre später leisten.

Euer Opa ist jeden Morgen um sechs Uhr mit dem Fahrrad acht Kilometer zur Arbeit in die Fabrik gefahren.

Unser erster Urlaub war unsere Hochzeitsreise. Mit dem Zug fuhren wir eine Woche ins Erzgebirge. Das war damals etwas ganz Besonderes. Erst Jahre später hatten wir unser erstes Auto. Als euer Papa ungefähr so alt war wie ihr jetzt, haben wir eine große Reise gemacht – bis nach Ungarn! Unser kleines Auto war mit Koffern, Zelt und uns bis unter das Dach vollgepackt."

1 Vergleiche die Erzählung der Uroma mit dem Leben deiner Familie heute.

1000
Ochsenkarren
Auf dem Landweg werden schwere Lasten auf Ochsenkarren transportiert.

1500
Postkutsche
Ab 1500 fahren im Deutschen Reich die ersten Postkutschen. Sie transportieren Fahrgäste und Briefe.

1803
Dampflokomotive
Richard Trevithick baut die erste Dampflokomotive.

1885
Auto
Carl Benz baut das erste Auto mit Verbrennungsmotor.

1300	1400	1500	1600	1700	1800

1300
Laufender Bote
Nachrichten werden von Boten überbracht, die am Tag 30 bis 50 Kilometer zurücklegen.

1445
Buchdruck
Johannes Gutenberg erfindet das Buchdrucken mit beweglichen Lettern.

1605
Zeitung
In Straßburg erscheint die erste Zeitung. Sie heißt „Relation".

1837
Elektrischer Telegraf
Samuel Morse entwickelt einen Schreibtelegrafen und die aus Punkten und Strichen bestehende Schrift („Morsealphabet").

1876
Telefon
Alexander Bell erfind ein Gerät, das die menschliche Stimme auf elektrischem Weg übertragen kann.

● M 4 Einen Text im Schulbuch auswerten, Seite 7   ■ Die Geschichtswerkstatt, Seite 120/121
● M 13 MIt einer Zeitleiste arbeiten, Seite 11

Die Fotos zeigen einige Verkehrsmittel, die heute von vielen Familien benutzt werden.

2 Notiere, welche Verkehrsmittel deine Familie benutzt. Befrage deine Eltern, welche Entfernungen damit zurückgelegt werden. Notiere jeweils die Anzahl der Kilometer.

3 Finde heraus, welche Medien (z. B. Telefon) deine Familie nutzt und notiere sie.

4 Betrachte die Zeitleiste. Beschreibe die technische Entwicklung:
a) Transport von Menschen und Waren,
b) Information und Medien.

5 Vermute, welche Probleme und Einschränkungen es früher im Alltag der Uroma gab. Überlege, welche Probleme es heute durch Verkehrsmittel und Medien gibt. Vergleiche früher und heute.

1896
Lastwagen
Gottfried Daimler baut den ersten Lastwagen mit Verbrennungsmotor.

1903
Motorflugzeug
Den Brüdern Orville und Wilbur Wright gelingt der erste Flug mit einem Motorflugzeug.

1938
VW Käfer
Ferdinand Porsche konstruiert den „Käfer". Die ersten VW-Käfer werden hergestellt.

1957
Verkehrsflugzeug mit Düsenantrieb
Im Flugverkehr wird auf Langstrecken die Boeing 707, das erste Düsenverkehrsflugzeug, eingesetzt.

1900

1917
Rundfunk
Die ersten Sendungen sind Musikübertragungen. Sechs Jahre später gibt es bereits über eine Million Hörer.

1936
Fernsehen
Die Übertragung der Olympischen Spiele aus Berlin ist die erste große Fernsehsendung.

1943
Computer
Der erste elektronische Digitalcomputer zum Entschlüsseln von Funksprüchen wird erfunden.

1989
Internet
Das Internet ist ein Zusammenschluss von Computernetzwerken. Das World Wide Web (www) ist der bekannteste Bestandteil.

1991
Mobiltelefon (Handy)
Das digitale Mobilfunknetz ermöglicht drahtloses Telefonieren.

2000

131

Das habe ich gelernt

In diesem Sachbuch darf nicht geschrieben oder gezeichnet werden!
Notiere daher in deinem Heft die Überschrift dieser Seite, die Nummer und den Buchstaben der Aufgabe und dahinter deine Antwort.

1 Das Bauernmädchen Dora erzählt, welche Arbeiten es nach dem Aufstehen und vor der Schule zu erledigen hat.

Schreibe mithilfe der Stichworte einen kleinen Sachtext in der richtigen Zeitfolge.

Wasser holen, Feuer im Ofen machen, Wassertopf auf den Herd stellen, Ziegen melken, Frühstücksbrei erwärmen, abwaschen

2 Früher waren bei der Getreideernte viele Arbeitsschritte nötig. Lies die Stichworte und schreibe sie in der richtigen Zeitfolge auf.

- mit dem Dreschflegel dreschen
- Garben zum Trocknen aufstellen
- mit der Sense abmähen
- Garben aufladen
- Halme zu Garben binden
- mit dem Pferdewagen in die Scheune bringen

3 Prüfe die Richtigkeit der Sätze zum Thema „Einkaufen früher".
Notiere die richtigen Aussagen in dein Heft.

- Ein Kaufmann brauchte früher eine Waage, eine Handschaufel und Papiertüten.
- Flüssige Lebensmittel wurden mit einer Schöpfkelle aus großen Gefäßen in kleine Behälter gefüllt.
- Zu kaufen gab es auch Fertiggerichte in Dosen, Kaugummi und Cornflakes.
- Der Laden war ein kleiner Raum im Haus des Kaufmannes.
- Machte ein Kunde die Ladentür auf, bimmelte eine Glocke.
- Zum Einkaufen hatten die Leute weniger Zeit als heute.

4 Ordne die Verkehrsmittel und Medien in der richtigen Zeitfolge ihrer Erfindung.
Die Zeitleisten auf Seite 130/131 helfen dir.

A Dampflokomotive
Ochsenkarren
Verkehrsflugzeug
Lastwagen
Postkutsche
Auto

B Telefon
Internet
Laufender Bote
Zeitung
Fernsehen
Rundfunk

Das Internet nutzen

Der Begriff Internet ist die englische Abkürzung für International Network, was übersetzt Internationales Netzwerk bedeutet. Das Internet ist weltweit der größte Zusammenschluss von Computernetzwerken. Man schätzt, dass im Jahr 2016 allein in Deutschland 54 Millionen Menschen das Internet nutzten, weltweit jeder dritte Mensch.
Neben dem Versenden und Empfangen von Nachrichten, den so genannten Emails, dient das Internet zum Informieren, Telefonieren, Einkaufen sowie zum Herunterladen von Programmen, Filmen oder Musik.

Ursprünglich wurde die Internet-Technologie 1973 für die Datenübertragung zwischen den Computern des amerikanischen Verteidigungsministeriums entworfen.
1984 wurde die Technik dieses Netzwerkes freigegeben und weiterentwickelt. Seit 1989 gibt es den bekanntesten Bestandteil, das World Wide Web (www). Übersetzt heißt das weltweites Netzwerk.
Internetseiten werden von Firmen, den so genannten Providern, im Netz angeboten. Beim Aufrufen von Internetseiten entstehen meistens Gebühren.

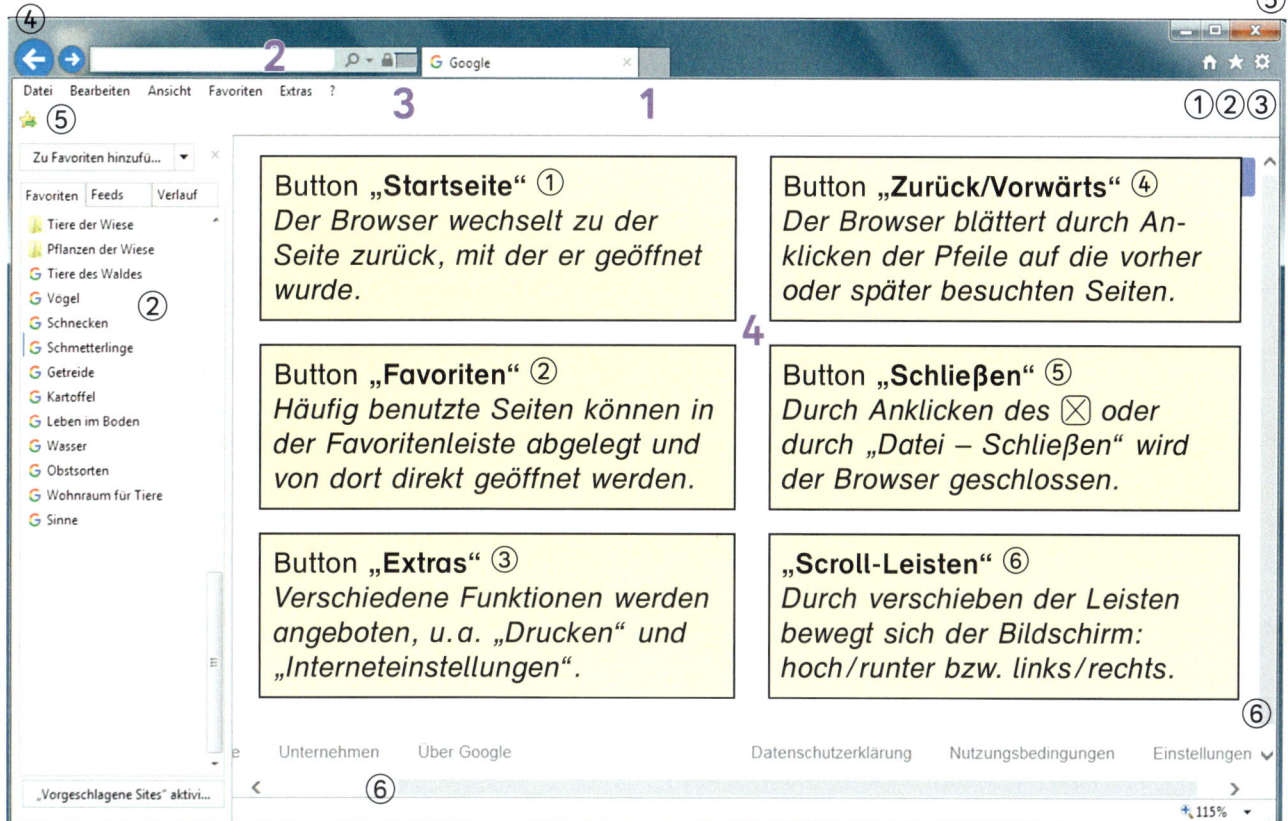

1 Um das Internet zu nutzen, muss ein so genannter „Browser" (sprich: Brauser) gestartet werden. Das ist ein Programm, das Internetseiten sichtbar macht.
Starte das Internet. Klicke dazu das Symbol des Internetbrowsers an.

2 In die Adresszeile wird die Internetadresse eingegeben. Die meisten beginnen mit www.
Gib die Internetadresse einer Suchmaschine ein, zum Beispiel: www.google.de

3 Durch Anklicken der Schaltfläche mit dem Pfeil (Wechseln zu) oder durch Drücken der Enter-Taste wird die Internetseite aufgerufen. Starte die Internetadresse.

4 Über verschiedene Schaltflächen (Buttons) wird das Programm bedient und zwischen den Seiten gewechselt (navigiert). Probiere die Funktionen der Buttons aus.

Mit einer Suchmaschine arbeiten

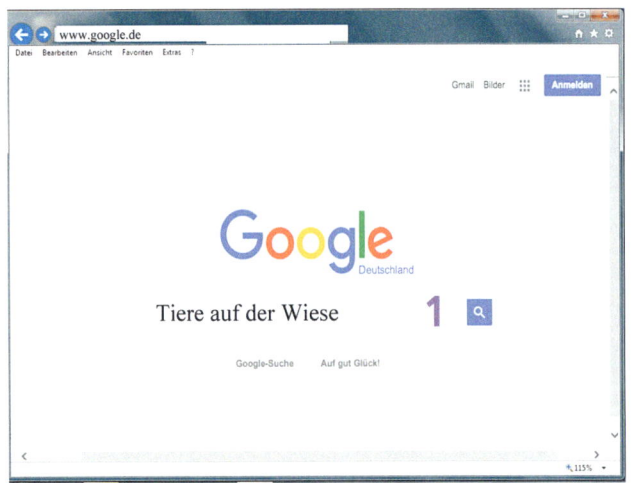

1 Eingabe des Suchbegriffes

Um Internetseiten aufzurufen, muss der Name der Internetseite bekannt sein. Suchmaschinen helfen, Internetseiten zu bestimmten Themen zu finden. Dazu wird ein Suchbegriff zum gewünschten Thema eingegeben.

Gib den Suchbegriff „Tiere auf der Wiese" ein. Klicke dann den Button „Suche" an oder drücke auf „Enter".

2 Auswahl von Internetseiten

Die Suchmaschine zeigt eine Auswahl der gefundenen Internetseiten an. Durch Anklicken einer angezeigten Internetseite wird diese geöffnet.

Vergleiche deine Suchergebnisse mit der Abbildung. Klicke die Internetadresse „Tiere auf der Wiese" an.

3 Auswerten der Inhalte

Die gefundene Internetseite wird angezeigt. Ob der Inhalt der Seite informativ ist, lässt die Suchmaschine allerdings nicht erkennen. Wird der Mauszeiger zur Hand, kann eine weitere Seite der Internetadresse geöffnet werden.

Finde auf der Internetseite Informationen über Tiere auf der Wiese.

4 Auswahl von Bildern

Die Suchmaschinen helfen auch, Bilder zum eingegebenen Suchbegriff zu finden. Dazu wird nach der Eingabe des Suchbegriffes entweder auf „Weitere Bilder" oder auf „Bilder" in der Auswahlleiste geklickt.

Klicke auf „Bilder" zum Suchbegriff „Tiere auf der Wiese". Werte diese aus.

■ Tiere und Pflanzen der Wiese, Seite 68/69

Sich im Internet informieren

1 Das Internet ist eine gute Quelle, um sich schnell und genau über bestimmte Themen zu informieren. Im Beispiel sollen zum Thema „Wiese" genaue Informationen über „Wiesenpflanzen" eingeholt werden.

Vergleiche die Suchergebnisse, wenn du als Suchbegriffe „Wiese" und „Pflanzen der Wiese" eingibst.

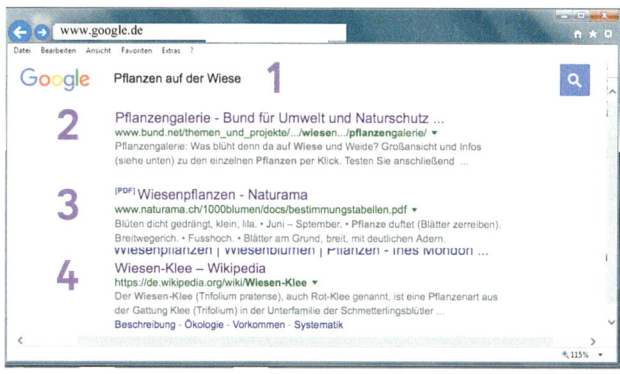

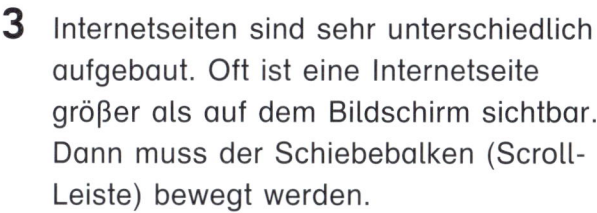

3 Internetseiten sind sehr unterschiedlich aufgebaut. Oft ist eine Internetseite größer als auf dem Bildschirm sichtbar. Dann muss der Schiebebalken (Scroll-Leiste) bewegt werden.

Öffne verschiedene Internetseiten zum Suchbegriff. Suche immer Informationen zum Rotklee. Vergleiche die Informationen miteinander.

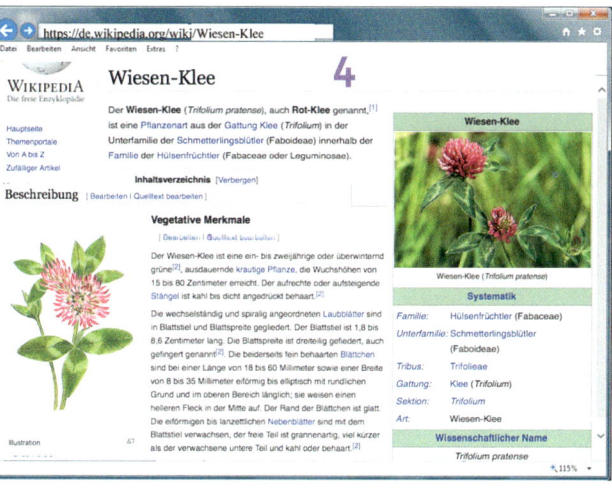

2 Die Suchmaschine zeigt eine große Auswahl von Internetseiten an. Manchmal bieten die Seiten nicht die gewünschten Informationen oder die Texte sind unverständlich geschrieben.

Starte die Internetadresse vom BUND. Informiere dich über verschiedene Wiesenpflanzen. Das Beispiel zeigt Informationen zum Rotklee.

4 Als Suchbegriff kann auch direkt der Name einer Wiesenpflanze eingegeben werden, zum Beispiel „Rotklee". Oft wird dann die Internetadresse eines Lexikons angezeigt, beispielsweise die von „Wikipedia". Die Texte sind für Erwachsene geschrieben und daher oft schwer zu verstehen.

Öffne zum Suchbegriff „Rotklee" oder „Wiesenklee" die Seite von Wikipedia.

■ Tiere und Pflanzen der Wiese, Seite 68/69

Eine Grafik einfügen

2 Grafik auswählen

Die Suchmaschine zeigt eine Fülle von Bildern an.

Verschaffe dir einen Überblick über die gezeigten Bilder und Grafiken.

Wähle eine Grafik aus.

Klicke die Grafik mit der rechten Maustaste an.

Klicke im Auswahlmenü auf „Bild kopieren".

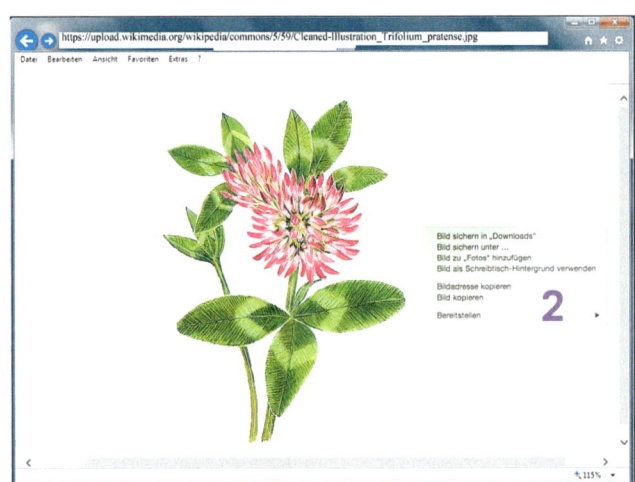

4 Grafik beschriften

Mit der Textverarbeitung kannst du neben der Grafik die eingeholten Informationen zum Rotklee notieren.

Schreibe zunächst die Überschrift.

Trage dann die Daten zu „Fundort und Datum" ein.

Unter „Besonderheiten" werden eingeholte Informationen zum Rotklee notiert.

1 Bild/Grafik suchen

Ein Steckbrief oder Herbariumblatt zum Rotklee soll angelegt werden. Die Seite soll neben der aufgeklebten Pflanze auch eine Grafik vom Rotklee enthalten.

Starte eine Suchmaschine.

Gib als Suchbegriff „Roter Wiesenklee" ein.

Klicke auf „Bilder" und starte dann die Suchfunktion.

3 Grafik einfügen

Starte die Textverarbeitung auf dem Computer. Die Grafik wird dort eingefügt, wo der Cursor blinkt.

Klicke zum Einfügen der Grafik entweder auf „Bearbeiten" und „Einfügen" oder benutze die Tastenkombination „Strg + V".

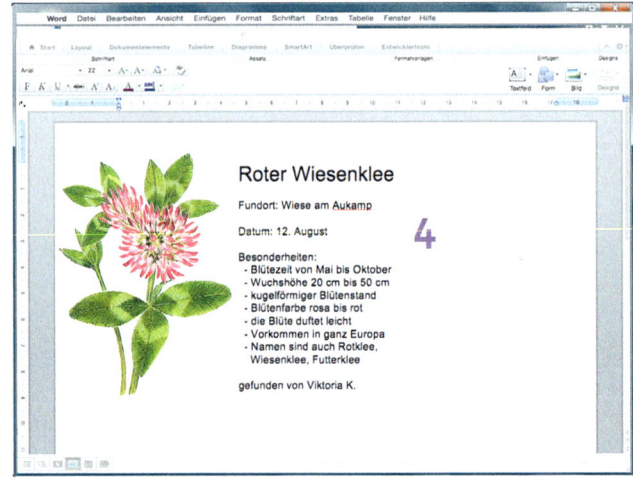

- Mit einer Suchmaschine arbeiten, Seite 134

- Tiere und Pflanzen der Wiese, Seite 68/69
- Wir legen ein Herbarium an, Seite 70/71